CUANDO EL CIELO
SE NOS VIENE ENCIMA

CUANDO EL CIELO SE NOS VIENE ENCIMA

Cómo encontrar esperanza
en un mundo incierto

H. Norman Wright

Unilit

Publicado por
Unilit
Medley, FL 33166

© 2019 Unilit
Primera edición: 2019

© 2018 por *H. Norman Wright*
Título del original en inglés:
When It Feels Like the Sky Is Falling
Publicado por *Harvest House Publishers*
Eugene, Oregon 97408
www.harvesthousepublishers.com

Traducción: *Rebeca Martínez*
Edición: *Nancy Pineda*
Diseño de la cubierta e interior: *Digitype Services*

Producto: 495913
ISBN: 0-7899-2460-9 / 978-0-7899-2460-5

Categoría: Vida cristiana / Vida práctica / Consejería
Category: Christian Living / Practical Life / Counseling

Impreso en Colombia
Printed in Colombia

CONTENIDO

CONTENIDO

Introducción:
¿Estoy seguro en realidad?

S i eres como la mayoría de las personas, deseas que tu vida sea estable y previsible. Las sorpresas y lo inesperado tienden a desestabilizar nuestras vidas.

Los sucesos *inesperados* o, como algunos prefieren llamarlos, las *sorpresas de la vida*, son momentos decisivos en tu vida. Son cruciales para bien o para mal, para resultados positivos o indeseados. Algunos sucesos pueden anticiparse, pero eso casi nunca es posible. Lo inesperado implica cierto grado de riesgo o hasta de incertidumbre. Todos experimentamos lo inesperado. Sin embargo, ahora tenemos un nuevo temor en nuestro país: el terrorismo. Los actos terroristas son cada vez más frecuentes y destructivos.

El terrorismo ha existido en el mundo durante siglos. Sus raíces y prácticas se remontan a los fanáticos religiosos del primer siglo. Al final, llegó a nuestras costas. Ahora, nuestro país tampoco es como lo conocíamos. Ha sufrido una invasión, no de un ejército extranjero ni de un enjambre de insectos alterados biológicamente, sino de algo mucho más mortal: el terrorismo. Quienes emplean el terrorismo a propósito usan la violencia para desestabilizarnos. No se necesitan muchos para perturbar nuestra vida diaria, dominar nuestros pensamientos y acabar con nuestra sensación de seguridad. Nos golpean donde menos sospechamos su presencia. Plantan semillas de desconfianza, paranoia y temor.

Nos ponemos tensos cuando abordamos un avión o cuando entramos por la puerta de un tren subterráneo.

Pensamos en cosas que nunca nos imaginamos hace diez años. La frase que inunda nuestra mente es: *¿Qué tal si...?*

Cuando ataca un terrorista (y podemos esperar más), se afectan nuestras vidas, no solo por meses, sino por décadas.

He visto los resultados del terrorismo y he caminado a través del caos. Jamás en mi vida pensé caminar por los escombros de la Zona Cero, ni sentarme con los sobrevivientes de los tiroteos en Aurora, Colorado Springs, San Bernardino ni Las Vegas. Sin embargo, he escuchado las historias de los sobrevivientes. Para algunos, su vida cambió para siempre.

APRENDAMOS A RESPONDER

Este libro está diseñado para ayudar al lector a lidiar con los acontecimientos inesperados y sorpresas diarias, así como los eventos serios que cambian la vida. También nos ayudará a afrontar y prepararnos para los actos terroristas presentes y futuros. Nos dará pasos prácticos y factibles para usar cuando tenga lugar un hecho inesperado.

Ya sea que el suceso inesperado se trate de un incidente menor o un devastador ataque terrorista, sin importar lo que suceda, esta clase de eventos tiene algunas características en común.

Si el suceso fue inesperado, el elemento sorpresa nos paraliza y conmociona. Nos quedamos aturdidos y desorientados. Cuando el evento es incontrolable, y cambiarlo va más allá de nuestra habilidad, nos sentimos impotentes, vulnerables y maltratados.

Muchos eventos son inimaginables; los elementos horribles no son comunes a nuestro estilo de vida. No tenemos ningún marco de referencia para encontrarle sentido a lo que vivimos. Muchos se sienten consternados y horrorizados. Es como si lo que experimentamos no fuera real. Fue un evento demasiado extraño para procesarlo. Las personas vieron, pero no comprendieron lo que veían, por lo que aparecen, y se intensifican, los sentimientos de confusión y desorientación.

Algunos sucesos, tales como el del 11 de septiembre y los varios tiroteos que sucedieron en nuestro país, parecen imperdonables. La necesidad de culpar a alguien o algo es imperiosa. Nos preguntamos qué vamos a hacer con nuestro enojo, ira y necesidad de castigar. Nos sentimos impotentes.

Puesto que lo ocurrido no tiene precedentes, no hay instrucciones a seguir y por eso la gente se siente sin rumbo.

Casi todos sentimos que no estamos preparados. Al fin y al cabo, no hay razón para que nos preparemos para una catástrofe inimaginable. ¿Cómo *puedes* prepararte de manera adecuada? Por lo tanto, los mecanismos de defensa pueden ser inadecuados para lidiar con la demanda de nuestras emociones. Abrumarse es un sentimiento común.

Sucesos como los que mencionamos en este libro dejan una sensación de incertidumbre. No conocemos con certeza los efectos a largo plazo que ejercen en nosotros, nuestras familias, nuestros empleos, nuestro futuro y el futuro de nuestros hijos. Hay un sentimiento de ambivalencia y de estar divididos entre la esperanza y el miedo.

El cuerpo y la mente se abruman. Los rostros de quienes han sufrido traumas reflejan experiencias que están por encima de la habilidad de una persona para lidiar con estos eventos. Me he sentado con muchos sobrevivientes, y más adelante describiré en este libro a algunos de estos.

Existen muy pocos recursos que aborden lo inesperado o las sorpresas, sobre todo en forma de terrorismo. Por eso este libro se necesita con urgencia.

A medida que aprendas a convertirte en un sobreviviente resiliente de los sucesos diarios, serás más capaz de lidiar con los asuntos más serios, incluyendo los actos de terrorismo.

UNA EXPERIENCIA PERSONAL

El director del Comité Árabe Estadounidense contra la Discriminación, de cuarenta y un años de edad, estacionó su auto y se dirigió al edificio donde estaba su oficina. Se encontraba en una zona exclusiva del Condado Orange, California. El año era 1985, y el terrorismo todavía no había llegado a las costas de nuestro país, o eso creíamos.

Este padre de tres niños pequeños casi siempre traía a su esposa y a su hijo menor con él a su oficina, pero por alguna razón los dejó en casa ese día. Veinticuatro horas antes se presentó en un programa de televisión donde criticó a los medios de comunicación por algunos de sus reportajes. También se presentó como portavoz a favor de los árabes en una transmisión de CNN que se grabó el jueves por la tarde y se emitió el jueves por la noche.

El viernes por la mañana, subió por las escaleras hasta su oficina en el segundo piso. Metió la llave en la cerradura, y cuando abrió la puerta, se activó el lanzamiento de un dispositivo explosivo. La bomba estalló, y el director sufrió toda la fuerza de la explosión. Fue el primero en llegar a la oficina ese día fatal. Su asistente administrativa dijo que ella era la que casi siempre abría la oficina todas las mañanas, pero ese viernes, antes de ir a trabajar, hizo algo que le encargó él. «Por lo general, no llegaba hasta más o menos las diez», dijo.

Los paramédicos llevaron al hombre al *Western Medical Center* varios minutos después de la explosión de las 9:11 a. m., la cual ocasionó que más de una docena de las grandes ventanas de vidrio del edificio estallaran, inundando las calles abajo de vidrio, concreto, pedazos de cortinas y otros escombros. Un vocero del hospital dijo que el hombre sufrió heridas severas en la parte baja de su cuerpo y que murió a las 11:24 a. m., después de una operación.

Seis empleados de una compañía de seguros que estaba al otro lado del pasillo de las oficinas del comité en Santa Ana recibieron atención por heridas leves en el mismo hospital y poco tiempo después les dieron de alta. Otra mujer que o bien estaba sentada en una parada de autobús o caminando frente al edificio también recibió atención médica en el mismo hospital y más tarde le dieron de alta.

Las oficinas a ambos lados del edificio dañado, así como una oficina al otro lado de la calle, se evacuaron, mientras que la brigada de explosivos de la comisaría del Condado Orange, entró tres veces al edificio entre las 10:30 a. m. y la 1:20 p. m., cuando por fin declararon seguro el lugar. Las autoridades le pidieron al administrador de una de las oficinas adjuntas en el edificio de al lado que desocupara el lugar durante ese día como una medida de precaución.

Una de las personas heridas por la explosión dijo: «Solo me dirigía de regreso a mi escritorio cuando escuché una gran explosión y vi que la puerta se abrió de par en par. Pensamos que la calefacción explotó o algo así porque había mucho humo».

Esa empleada comentó que estaba temblando y que tenía dolor de cabeza. Dijo que al principio no recordaba cómo bajó del segundo piso del edificio. Más tarde, recordó que un hombre de otro edificio ayudó a quitar los escombros del pasillo, mientras ella y los otros ocupantes de la oficina salían a la calle. Luego, ella y dos compañeros de trabajo subieron a un automóvil y se dirigieron al hospital.

Otra persona impactada dijo que estaba sentada en su escritorio «cuando escuché un ruido estridente, miré hacia arriba y vi que se caía el techo. La cantidad de humo era insoportable».

Una persona que estaba en una clase de reportero judicial al otro lado de la calle del edificio donde ocurrió la explosión dijo: «Escuché la explosión y corrí hacia la ventana. Había fragmentos de vidrio esparcidos por la calle. Vi a un hombre y una mujer que o bien estaban de pie frente al edificio o sentados en el banco de enfrente. Intentaban alejarse del área. Parecía que la mujer entró en pánico o sufrió heridas serias».

No hubo ninguna advertencia de bomba en el caso de Santa Ana. Esa oficina había recibido amenazas y llamadas hostigadoras, y los empleados habían recibido llamadas en sus casas de quienes amenazaban con matarlos, pero nadie mencionó una bomba. Un portavoz del FBI en Washington dijo que esa agencia recibía miles de amenazas cada año.

Ese día me enteré del evento, pero seguí con mis actividades diarias como de costumbre sin pensar demasiado en esto. Sin embargo, por la noche eso cambió mientras miraba las noticias y veía la destrucción que ocasionó la bomba. Mis ojos no se quedaron en la oficina destruida; se trasladaron a la puerta de mi propia oficina. Estaba a solo unos sesenta metros de ese edificio. La administradora de mi oficina me llamó ese día para decirme que le pidieron que cerrara, pero no le dijeron por qué. Trabajaba para mí en mi oficina de consejería, y uno de los edificios de oficinas que las autoridades cerraron fue el mío.

Lentamente empecé a darme cuenta de que alguien murió y otros estaban heridos. Si la bomba hubiera sido mayor, la devastación podría haber llegado hasta mi oficina y afectado a los que estaban ahí ese día. Poco a poco, la realidad de ese suceso empezó a calar en mí, mientras estaba sentando mirando las imágenes de la televisión. En mi mente flotaba el pensamiento: *Esto no nos pasa a nosotros.* En cambio, sí sucedió. Nadie es inmune.

Después de todo lo que se dijo y se hizo, era evidente que el terrorismo había entrado a nuestro país y estaba más cerca de mi casa de lo que me había imaginado.

CAPÍTULO 1

Los temblores en nuestra vida

¿Cómo es vivir con lo inesperado? ¿Qué sucesos califican como «inesperados»? Mencionaré algunas experiencias inesperadas que viví con las que tal vez te logres identificar. En lo personal, preferiría no haber estado presente en algunas de ellas. Sin embargo, son parte de mi vida, y algunas determinaron en quien me convertí.

Uno de esos acontecimientos tuvo lugar en 1952. Fue inesperado. Y fue leve. Al principio, solo fue un suave movimiento. Luego, se detuvo y todo se quedó tranquilo. Silencio. Entonces, se produjo una sacudida violenta y un movimiento continuo que se incrementó al punto de que la cama y otros muebles se movían de un lado para otro y de arriba abajo. Estábamos en medio de un fuerte terremoto. Los temblores se sintieron en toda la ciudad de Los Ángeles. No hubo muchos daños donde vivo. Sin embargo, no sucedió lo mismo en Tehachapi y en Bakersfield, a unos ciento noventa kilómetros al norte de nosotros, donde los temblores fueron intensos. La tierra tembló, los edificios se derrumbaron y las vidas cambiaron. Fue inesperado por completo.

Tormentas, terremotos, tornados, accidentes; esto solo pasa en la vida de otros... ¿o no? A fin de describir esta clase de acontecimientos utilizaré la palabra *temblores*, pues tal vez sea la palabra que mejor describa lo que experimentamos. Esta palabra evoca numerosas imágenes y pensamientos. No usamos mucho esa palabra. Para algunos, transmite una imagen negativa. Podría ser una advertencia de que algo anda mal o de que hay un problema que necesita atención.

Temblor... esta es una palabra que no denota estabilidad, sino todo lo contrario. Lo que viene a la mente es inseguridad o sacudida, lo que sucede con la tierra cuando se produce un terremoto, o lo que podría pasarnos en las manos mientras envejecemos, o cuando se empieza a manifestar una enfermedad física. El diccionario lo describe como «un movimiento involuntario y continuado del cuerpo o de alguna de sus partes, debido a una enfermedad, temor, debilidad o emoción; estremecimiento. Cualquier movimiento vibratorio o trémulo; vibración: los temblores que se producen como consecuencia de un terremoto».

Casi nunca hay una advertencia. En un minuto nos encontramos estables y cómodos, y al siguiente nos sentimos golpeados y abrumados. Algunos describen esta experiencia como una fuerte tormenta que estremece la vida. Otros la describen como un ataque sorpresivo.

La mayoría de las personas sufre al menos una situación violenta o amenazadora durante su vida. A medida que avanzan en el ciclo de la vida, las personas también experimentan con más frecuencia la muerte de amigos y parientes cercanos. No todo el mundo afronta estos eventos potencialmente destructivos de la misma manera. Algunas personas experimentan una perturbación aguda de la que no se pueden recuperar. Otras sufren con menos intensidad y durante un período mucho más corto. Mientras más violento e inesperado sea el acontecimiento, más devastador.

Ninguno de nosotros es inmune a estos sucesos. A menudo aparecen de la nada en el «momento equivocado», casi siempre cuando son más inoportunos. Destruyen nuestros planes, y algunos dejan devastación en su camino. Algunos describen su experiencia de esta manera:

> En esos pocos momentos de comprensión, tu enfoque cambia
> de los asuntos cotidianos y comunes de la vida a los sucesos
> traumáticos y catastróficos que hacen que todo lo demás parez-

ca insignificante. Tu enfoque cambia de lo *mundano* a lo *monumental*. Tus sentimientos escalan de *rutinarios* a *iracundos* en un instante. Y mientras tu corazón late con fuerza, contienes la respiración y empiezas a asimilar los sucesos en tu conciencia. Te atacaron por sorpresa y nada será igual otra vez[1].

Bienvenido al mundo de lo inesperado.

A menudo, con esos eventos entramos en una neblina de incredulidad. «No, esto no está pasando, no a mí, no ahora, no a nosotros». Para algunos, esa neblina es impenetrable; la persona no puede hallarle sentido a las cosas[2].

Algunos de estos eventos son como los incendios. Empiezan como una pequeña llama en un lugar que no ve nadie. Si vemos el humo y apagamos rápido el fuego, podemos controlar los daños y evitar resultados desastrosos. En cambio, si no lo vemos ni le prestamos atención, los resultados pueden ser devastadores y permanecer por mucho tiempo.

Así como tú, he experimentado numerosos temblores o sucesos en mi vida. Algunos fueron leves y no afectaron mi vida, mientras que otros fueron abrumadores y alteraron mi vida de manera significativa. Cada experiencia produjo una mezcla de respuestas y sentimientos, desde molestia, confusión y sorpresa, hasta una época de cambio y crecimiento. Tal vez te sientas identificado con algunas de estas experiencias.

A principios de la década de 1960, serví en una iglesia como pastor de jóvenes y ministro de educación. Recién salido del seminario, no estaba seguro de que sabía lo que quería hacer. Uno de mis primeros desafíos fue cuando descubrí que serviría más con los jóvenes que en la educación. Sin embargo, hice los ajustes necesarios y empecé a disfrutar el ministerio, y con el tiempo vi algunos resultados. Con trescientos estudiantes del instituto y de la universidad en mi programa, fue un tiempo muy ocupado y lleno de acontecimientos inesperados.

Cada verano llevábamos a un grupo de estudiantes del instituto a un viaje de estudio o una actividad comunitaria. Un año llevamos a veinticinco de ellos a Sierra Nevada, en el sur de California, y durante varios días acampamos en tiendas de campaña, escalamos, pescamos, interactuamos y estudiamos. Cerca del lugar donde estábamos había una formidable formación rocosa, Crystal Crag, de más de tres mil metros de alto. Con 3 159m de altura, Crystal Crag es una masa rocosa muy grande y escarpada que se ha convertido en un reconocido punto de referencia en la montaña Mammoth Crest. Este peñasco es un destino muy popular para los montañistas y alpinistas. La parte más escarpada representa un gran desafío, incluso para el alpinista más habilidoso.

No obstante, una mañana dos de los chicos del instituto (uno de ellos recién graduado que esperaba para entrar en la Marina) decidieron, por su cuenta, escalar esa parte del acantilado. Se fueron antes de que los otros se despertaran y no le contaron a nadie sus planes. Es probable que supieran que les diríamos que esa área estaba fuera de nuestros límites, ya que no teníamos experiencia ni tampoco equipos para escalar. Caminaron los tres kilómetros hasta la base de la formación rocosa, atravesaron la parte baja y empezaron a escalar.

Todavía no está claro cómo pudieron escalar la pared de roca, dado que no tenían la experiencia ni el equipo necesarios, pero escalaron varios metros antes de que Phil perdiera su asidero y cayera de una altura de más de ciento veinte metros para morir. Todos los huesos de su cuerpo se fracturaron. Su compañero se quedó allí colgado mientras miraba horrorizado cómo caía su amigo, pero luego continuó escalando hasta que salió de la pared escarpada y buscó ayuda. Horas después, alguien vino a nuestro campamento y nos dio la noticia. Una sensación de horror e incredulidad nos embargó, mientras pensábamos: *Esto no es cierto.* Unos minutos más tarde, observé cómo pasaba una caravana con el cuerpo de Phil metido en una bolsa para cadáveres que colgaba sobre el lomo de un caballo. Me quedé mirándolos hasta que se perdieron de vista y, luego, fui a buscar un teléfono para llamar a nuestro pastor principal. Su tarea era llamar a los padres de Phil.

¿Sabía qué hacer en ese momento? En realidad, no. ¿Sabía qué decir? No. ¿Me sentía preparado para lidiar con ese acontecimiento?

En lo absoluto. No tenía preparación para una cosa como esa. Creo que me sentí como los que ministraron en la ciudad de Nueva York después del desastre de las Torres Gemelas el 11 de septiembre. En su mayoría, afirmaban: «No sé qué decir ni qué hacer. No me siento preparado». Ni yo tampoco. Era mi primer encuentro con una crisis y un evento traumático combinados.

Nunca olvidaré ese día. Todos estábamos sentados en pequeños grupos, hablábamos en voz baja y nos sentíamos aturdidos y bloqueados. Preparamos la cena y, por extraño que parezca, nuestro grupo comenzó a bromear, payasear y reír durante la siguiente hora. A algunos adultos alrededor de nosotros les molestó ese comportamiento. Sin embargo, más tarde me di cuenta de que esa era su forma de huir de la seriedad de la crisis. Era una respuesta normal, ya que los adolescentes tienden a entrar y salir de su dolor más rápido que los adultos.

Entonces, ¿qué habrías dicho o hecho tú? ¿Habrías sabido la manera de responder? ¿Cómo le habrías hallado sentido a esa tragedia? ¿Cómo respondes *tú* cuando recibes un golpe así?

A menudo, los temblores se asocian con patrones climáticos perjudiciales. Estos se presentan cuando ocurren tormentas. A pesar de que algunas condiciones del clima pueden ser bastante imprevisibles, casi siempre podemos tolerarlas. Sin embargo, las tormentas de la vida nos destrozan.

Algunas tormentas son tan nuevas y diferentes que no estamos seguros de qué hacer cuando nos golpean. Viví esto de una manera bastante impresionante cuando experimentamos un tornado. En el sur de California, donde vivimos mi esposa y yo, no suele haber tornados. Hay lluvia, vientos de Santa Ana, terremotos y calor, pero tornados no... hasta hace unos años cuando un gran tornado tocó tierra en nuestra propia cuadra. Yo no estaba en casa, pero mi esposa sí.

Mientras trabajaba en el patio, empezó a sentir unos fuertes vientos muy extraños. Al darse cuenta de que algo andaba mal, entró y cerró la puerta. Los vientos siguieron, y era como si algo estuviera extrayendo el aire de la casa. No sabía con exactitud lo que sucedía, por lo que se encerró en una de las habitaciones interiores.

Más o menos en ese mismo momento, una vecina dobló por la esquina de la calle y vio un tornado que tocó en la mitad de la cuadra y empezó a venir hacia ella. Entró el auto en el garaje y se metió en la casa justo antes de que el tornado arrancara un gran árbol que estaba en el jardín de la entrada.

Fuimos afortunados. El tornado no destruyó ninguna casa, pero arrancó muchos árboles de raíz. Creo que la peor parte fue que ese día era de recogida de basura, y frente a cada casa había muchos contenedores llenos de basura. Después que pasó el tornado, ¡quedaron vacíos! Todo el mundo en nuestro vecindario estaba asombrado, sorprendido, impactado. Eso nunca había pasado en esa zona. Nadie sabía qué hacer.

Recuerdo otro evento que no tuvo nada que ver con el clima, pero que fue tan devastador como un tornado.

Estaba parado en una cancha observando a los participantes reunidos en Relevo por la Vida de sobrevivientes de cáncer. Una de las sobrevivientes que marchaba alrededor de la cancha era mi esposa, Joyce, ya que fue víctima de cáncer. Mientras miraba, sonó mi teléfono celular y vi que era un amigo cercano que conocía desde casi cuarenta años atrás. Sus primeras palabras fueron:

—Norm, mi hijo Matt está en el cielo.

—¿Qué? ¿Qué dijiste? —fue mi respuesta, pues no estaba seguro de que había escuchado bien.

—Matt está en el cielo —me respondió de nuevo con las mismas palabras.

Me quedé estupefacto. Bloqueado. Sin poder comprender o creer lo que acababa de escuchar. Ninguna notificación de un fallecimiento es fácil de aceptar, mucho menos esa, pues se trataba de un joven de veintitrés años, dinámico y valioso, a punto de graduarse de la universidad, y con planes de casarse dentro de dos meses.

Lo conocía desde que era niño, fui a pescar con él en muchas ocasiones y tuvimos largas conversaciones. Esperé hasta que terminó el evento del Relevo por la Vida y le conté la noticia a mi esposa. Unas semanas después, volé al medio oeste para estar con mi amigo y su familia.

Nuestros sueños son los que le dan significado y deleite a nuestra vida. El significado y el deleite tienen una estrecha relación con el sentido de esperanza de algo que está en el futuro, algo en el horizonte que es mejor y más satisfactorio, lo cual aporta un mayor sentido de propósito a nuestra vida. Algunos sueños, sin embargo, no solo cambian o no se cumplen, sino que también se hacen añicos y se destrozan, y con ellos también una parte de nuestra vida.

Vi eso en los ojos y en la actitud del padre y de los hermanos del joven, en su novia y en la familia de ella, en sus abuelos y en sus amigos. Varias veces escuché esta frase o algo similar: «Hay un lugar vacío en mi vida, un vacío inmenso que nunca se volverá a llenar». Las personas tardan décadas en recuperarse de acontecimientos como estos. Son temblores que nunca cesan. Quizá hayas experimentado esto o conozcas a alguien que lo sufriera. Nuestra sensación de seguridad, estabilidad y confianza se estremece.

A lo largo de los años, han ocurrido muchos cambios en mi vida y en mis creencias. Se han refutado las creencias de que la vida es justa, que a las personas buenas no les ocurren cosas malas, y que quienes aman al Señor están a salvo en el lugar donde vivimos y trabajamos.

Durante la última década he estado involucrado en las consecuencias y en el proceso de recuperación de numerosas tragedias, incluyendo tiroteos, muertes, accidentes y robos de bancos. Una de las respuestas que casi siempre escucho, y que ahora puedo anticipar luego de haber trabajado con empleados bancarios que sufrieron un robo, es la siguiente: «No se trata de que robaran dinero del banco. También se llevaron mi sensación de seguridad. Ya no me siento seguro nunca». Y eso es lo que muchos experimentan cuando atraviesan un temblor personal.

Hubo una época en la que jugaba ráquetbol dos o tres veces a la semana. De vez en cuando jugábamos en una cancha que quedaba a unos kilómetros de Whittier, California. Una mañana estábamos en medio de un partido cuando empecé a escuchar un sonido extraño. Parecía como si rugiera la tierra. A medida que el sonido continuaba y se hacía más intenso, recuerdo que pensé: *Esa clase de aeróbicos del piso de arriba está más escandalosa de lo normal.*

Sin embargo, debido a que el sonido no paraba, me di cuenta de dos cosas: En ese lugar no había clase de aeróbicos, y las paredes de la cancha empezaban a balancearse de un lado a otro. Primero se movieron con lentitud y, de repente, empezaron a moverse con más fuerza. Ahí me di cuenta: Se trataba de un terremoto, de uno grande. Luego, las luces parpadearon y se apagaron. En seguida corrimos hacia la puerta. No solo estaba oscuro, sino que no podíamos abrir la puerta. En una cancha de ráquetbol, las manijas de las puertas no se extienden hacia afuera, sino que están empotradas, por lo que no te tropiezas con ellas mientras juegas. Allí estábamos, con una sensación de pánico y urgencia cada vez mayor, tratando de encontrar la manija sin poder ver. Por fin, la puerta se abrió y el edificio siguió temblando mientras todo el mundo corría hacia afuera (¡el terremoto ocurrió mientras algunos se cambiaban o duchaban!).

Más tarde supimos que el epicentro de este terremoto de 5,9 (que dañó muchas estructuras y ocasionó numerosos incendios) estuvo a solo once kilómetros de donde estábamos. Más de doscientas personas sufrieron heridas. Hubo ocho muertos. Nosotros estábamos bien, pero con miedo. Decidí que no volvería a estacionar en el enorme estacionamiento de tres pisos junto al club de ráquetbol. No me gustaría quedarme atrapado allí si ocurría otro terremoto.

Los terremotos son como muchos de los acontecimientos en nuestra vida. No recibimos ninguna alerta. No los puedes prever. Pueden sacudir nuestra vida o destruir por completo nuestras propiedades o nuestra vida y su futuro.

Tu temblor puede venir en la forma de un acontecimiento en la vida de uno de los miembros de tu familia.

Las crisis que experimentamos con nuestro hijo ocurrían todas las semanas y, en algunas épocas, todos los días. Matthew nació con lo que en ese tiempo llamaban retraso mental y sufría unos ataques horribles. No obstante, fue un niño amoroso que cambió nuestras vidas para bien. Vivió con nosotros hasta los once años y, luego, nos sentimos guiados a llevarlo a un centro donde podían proveerle mejores cuidados de los que podíamos darle. Su cerebro nunca se desarrolló más allá de los dieciocho meses de edad.

Cuando tenía veintidós años, Matt empezó a padecer de reflujo gastroesofágico e ingresó en el Centro Médico de la Universidad de Loma Linda para someterse a una operación correctiva.

Al parecer, la operación fue exitosa, a pesar de que tenía el esófago tan delgado como un pañuelo de papel debido a la erosión de los ácidos del estómago. Se rasgó durante la operación, pero pudieron repararlo. En la semana que estuvo hospitalizado, nos sentimos agradecidos por los médicos y las enfermeras tan competentes que Dios puso a su lado.

No obstante, pocos días después de la operación, Matthew tuvo algunas complicaciones y se produjo una infección. Algunos días nos quedábamos en hoteles cerca del hospital y otros conducíamos hasta la casa. Al cabo de una semana, le hicieron otra operación. Después de la segunda operación, Matthew permaneció en la unidad de cuidados intensivos. Estaba fuertemente sedado e inconsciente. Tenía ocho tubos puestos, y un respirador. Lo lamentable fue que desarrolló un síndrome de dificultad respiratoria aguda. Nos sentimos esperanzados cuando la fiebre le bajó y la tensión arterial se estabilizó, pero los días pasaban y nos dábamos cuenta de que no respondía. Los médicos decían que estaba en las manos del Señor. Orábamos al lado de su cama para que Dios hiciera su voluntad.

La noche del 14 de marzo nos quedamos en nuestra casa en vez de hacerlo en el motel cerca del hospital de Loma Linda. La mañana del 15 de marzo (los idus de marzo), recibimos una llamada del hospital. Escuché las palabras: «Tienen que venir tan pronto como sea posible». Una frase muy genérica, pero llena de significado. Sabíamos que había llegado el momento.

Entramos a la habitación y los médicos nos dijeron que los pulmones y el corazón de Matthew estaban fallando y que lo más probable era que se detuvieran en menos de una hora. Nos sentimos impotentes porque no había nada que pudiéramos hacer para que Matthew se pusiera bien.

Le dijimos adiós y, mientras estábamos allí parados, vimos el pulso de Matthew disminuir diez latidos. Estábamos casi traumatizados, mirando el cambio en el monitor, conscientes de lo que significaba.

La disminución de sus signos vitales confirmaba la realidad de que pronto iba a morir y, antes de la hora, Matthew falleció. Los temblores de su muerte permanecieron durante años, y todavía permanecen.

Perder un hijo es algo abrumador. Nunca pensé que podía sufrir una pérdida como esa otra vez. Sin embargo, no fue así. En mayo de 2015, recibí una llamada que todavía puedo escuchar en mi mente como si acabara de ocurrir. «Norm, tu hija, Sheryl, murió durante la noche». Lo escuché, pero fue como si no lo hubiera escuchado. Lo escuché, pero no lo registré. Mi mente no podía entender esa realidad. Era como si me aplastara un peso de quinientos kilos. ¿Cómo podía morir a los cincuenta y tres años? No tenía sentido.

La muerte llega a nosotros de muchas maneras, trayendo consigo diferentes grados de dolor, tristeza y sufrimiento. Cuando se presenta, cambia la historia de nuestra vida, pero nadie experimenta ese cambio de la misma manera.

Me pregunto... me pregunto, ¿quiénes son los seres queridos que perdiste? Si esto no te ha ocurrido todavía, sucederá. Entrarás al mundo del dolor. Quizá se logre anticipar, o tal vez sea una conmoción repentina.

Como muchos en nuestra cultura, te preguntarás si «vives el dolor» de la manera adecuada. El asunto de la muerte es algo que tendemos a evadir en nuestra cultura, así como el proceso del luto. Puede ser que las otras personas se conviertan en un estorbo más que en una ayuda. Te darán un cronograma para el dolor que no es apropiado. Tal vez no sepan qué decir y te puedan herir. Quizá te digan que saben cómo te sientes, pero no es así en realidad. Si expresas tu dolor en público, no te mirarán bien. En vez de validar tu dolor, tratarán de ayudarte a contenerlo.

Una muerte repentina puede crear un caos en los horarios, las prioridades, las agendas y, a veces, en nuestras relaciones más íntimas. El último suspiro de un ser querido nos cambia sin remedio. La experiencia puede ser paralizante o fortalecedora. Puede hacer que tomemos la vida mucho más en serio.

Tal vez nos angustiemos pensando cómo fueron los últimos momentos de esa persona, si fueron aterradores o dolorosos. Es natural que sus últimos minutos o segundos antes de morir se conviertan en horas de dolor emocional para nosotros y nos conduzcan a una crisis. Desconectar los pensamientos de esos momentos que experimentó nuestro ser querido solo con nuestra fuerza de voluntad no es fácil y, a menudo, resulta imposible. Los temblores no se pueden contener y quedamos a su merced.

Si no estuviste allí cuando murió, esto también se puede convertir en una fuente de dolor a largo plazo. El hecho de que tal vez no hubiera *nadie* allí también puede resultar estresante. Entonces, quizá tengas que lidiar con el doloroso proceso mental del cuestionamiento; *si tan solo* _____ hubiera consultado a un médico antes, etc. Las muertes repentinas a menudo son extrañas, como las pesadillas, porque son muy inesperadas. Esto es cierto en particular con respecto a los accidentes[3].

Sirvo como capellán en un hospital con la organización *Victim Relief Chaplain*. [Ministerio de capellanía para víctimas]. Somos quince personas, y servimos como voluntarios en el Centro Médico de Kern, que es la unidad de trauma de nuestro país. Vemos o ministramos a algunos de los peores casos de traumas. Una noche nos pidieron que fuéramos a la unidad de cuidados intensivos para ver a un paciente y a las enfermeras. Solo las máquinas mantenían vivo al paciente, y el cerebro no le funcionaba. La familia y las enfermeras querían que estuviéramos allí mientras desconectaban las máquinas y le permitían morir. Oramos y leímos las Escrituras y luego el equipo médico desconectó las máquinas.

Ver a alguien morir puede hacerte reflexionar sobre tu propia vida. El otro capellán y yo empezamos a formular algunas preguntas que casi nunca se hacen. Miré a mi amigo y le dije: «¿Alguna vez has pensado en cómo vas a morir?», lo que condujo a otras preguntas importantes, pero que casi nunca se hacen. Algunas empezaban con la frase «Y si...».

Hay muchas otras preguntas que quizá deban hacerse. De acuerdo al propósito de este libro, una de las preguntas podría ser: «¿Qué es lo peor que te podría pasar?». Piensa un momento en eso. Todos le tememos a algo, ¿a qué le temes tú? Aparte de una enfermedad física,

¿a qué otra cosa? ¿Cuál es el acontecimiento negativo más inesperado que darías cualquier cosa por evitar?

¿Es posible prepararse para los sucesos inesperados? Para algunos sí, pero no para todos.

¿Es posible lidiar con esos sucesos de una manera positiva? Sí, lo es.

No existe forma de evitar todas las catástrofes, pero eso no significa que no podamos prepararnos para las mismas y minimizar las pérdidas. Hay muchas situaciones que suceden en la vida para las que se nos exhorta a que nos preparemos. Por ejemplo, nuestro gobierno nos ha advertido que debemos prepararnos para numerosas situaciones, pero la mayoría de las veces nunca nos dice por qué. Como expresara alguien: «Es como si estuviéramos en un ensayo general para una obra de teatro sin saber nada de lo que tenemos que decir».

Los problemas y las tragedias menores pueden sumarse a las más significativas. Muchos de nuestros desastres son previsibles, pero no lo es sobrevivirlos, y eso se debe casi siempre a la falta de una preparación minuciosa. Es importante que sepamos cómo tendemos a responder ante los sucesos inesperados. Cuando sucede algo así, nada es normal. Pensamos y percibimos las cosas de una manera diferente. Nos convertimos en superhéroes con dificultades de aprendizaje. Los demás nos ven como fuertes, pero no somos capaces de vivir de acuerdo a esas expectativas. En ese momento, muchas personas, o más bien la mayoría, tienden a cerrarse por completo al desastre, lo cual sería lo opuesto al pánico. Se atrofian y pierden toda conciencia[4].

Otras personas *gritan en silencio*, como lo llamamos nosotros.

Entonces... ¿es posible triunfar sobre estos eventos en vez de que estos eventos triunfen sobre nosotros? Repito, la respuesta es «sí». Y de eso se trata este libro.

Mi recorrido por el terreno de lo inesperado ha sido como mirar una serie de hilos que se entretejen para formar un solo tapiz. En mi trabajo como consejero cristiano, pasé muchas horas sentado escuchando las historias de vidas quebrantadas, matrimonios rotos y almas devastadas. A lo largo de los años, mientras escuchaba esas historias, siempre me decía: «Sí, estoy escuchando tu historia, amigo, pero hay algo más allí. Hay algo más en esa historia». Ya fuera que lo pudieran expresar o no, casi todas las personas que acudían a consejería tenían una historia de algo inesperado debajo del quebrantamiento de sus vidas. Y cada historia de trauma contenía las profundas heridas de dolor y sufrimiento que devastan el alma.

Sabía que esas historias de traumas del pasado todavía alimentaban el dolor del presente. El trauma del pasado perseguía y controlaba sus vidas. Por ejemplo, una joven que vino a verme fue víctima de un trauma hacía muchos años que le cambió la vida; en este caso, un devastador terremoto fue su pérdida inesperada. Incluso, muchos años después cuando por fin vino a verme para recibir consejería, todavía no era capaz de abrir un periódico por miedo a que pudiera desatar algunos recuerdos dolorosos.

Como profesor del seminario, también conocí a numerosos jóvenes que regresaron de la guerra de Vietnam, todavía conmocionados, y que aún sufrían de TEPT (trastorno por estrés postraumático). Las historias de traumas pasados eran miles. A cualquier lado que iba escuchaba historias de los efectos persistentes de lo inesperado y lo impensable. Cada historia solo representaba un pequeño hilo, pero de seguro que los hilos tejían un cuadro mayor.

Las personas que vivieron esa clase de evento conocen de primera mano una de las tristes verdades de la vida: la mayoría de las personas no saben cómo lidiar con lo inesperado. Es un tema de debate raro y hasta aterrador. Por lo tanto, fingimos que no existe o que desaparecerá. Sin embargo, los efectos no desaparecen por sí solos.

Así que me di cuenta de que mi historia de pérdida se intersectaba con la historia de muchos que experimentaron traumas y pérdidas. Mientras caminaba al lado de mis compañeros de sufrimiento, tenían hambre de procesar el dolor si tan solo alguien estuviera dispuesto a escucharlos. Empecé a ver el mundo a través de los ojos de las personas que estaban traumatizadas y sufriendo. Por ejemplo, empecé a sufrir por cuatro de cada diez hombres y mujeres que regresaron de Irak sufriendo todavía los efectos del trastorno por estrés postraumático. Cuando aconsejé a varios sobrevivientes del 11 de septiembre, también me di cuenta de que este evento traumatizó a mucha gente en el país que perdieron a seres queridos o que solo vieron las noticias en la televisión. Pensé, de manera especial, en los niños cuya inocencia estaba destrozada debido a las vívidas escenas de ese horrible día.

Puesto que el tema del trauma ha calado tan hondo en mi vida, a menudo me doy cuenta de que veo el mundo a través de un único par de lentes: los del trauma. Esos lentes me ayudan a ver lo que quizá no vean otros.

Hace algunos años miraba un programa de televisión que interrumpieron de repente por un reportaje en vivo acerca de un hombre encolerizado en una autopista de Los Ángeles. Mientras rodaban las cámaras de noticias, miles de personas observaban con horror cómo este hombre agitaba al aire un cóctel Molotov y amenazaba con suicidarse en la televisión en vivo. Como todos los que lo vieron ese día, oré y esperé una solución pacífica. Sin embargo, también dije en voz alta (como si los reporteros pudieran escucharme): «¡Corten la cinta! Ese hombre va a hacerse pedazos, y miles de personas, incluyendo cientos de niños, tendrán una escena de violencia gráfica grabada en sus mentes durante los siguientes años. Por favor tengan un poco de sentido común para apagar las cámaras». Lo lamentable es que no lo hicieron.

Un viaje a la región de Nueva Orleans, después de quedar devastada por el huracán, me sirvió para reforzar y profundizar este compromiso de ver el mundo a través de los lentes del trauma. El 17 de octubre de 2005, aterricé en Baton Rouge para ayudar como parte del *Victim Chaplain Ministry* [Ministerio de capellanía para víctimas]. No estaba preparado para lo que encontré. Lo que tú y yo vimos en las noticias no podía captar la realidad de ese suceso. No hay palabras para describir la devastación que vi en Nueva Orleans. Una cosa era escuchar que el ochenta por ciento de la ciudad estaba bajo el agua, pero otra cosa era conducir kilómetro tras kilómetro, el único vehículo en las calles, y no ver más que no fueran casas destruidas, destrozadas y vacías. Desde la estructura más pequeña hasta la mansión más cara, no hubo casa que resistiera la fuerza del huracán Katrina. Lo que no estaba derribado estaba rajado o hecho trizas. Vi grandes embarcaciones en tierra, a cientos de metros de la orilla, pesados pianos colgando de las ventanas y automóviles de cabeza o encima de las paredes.

Para la mayoría de los residentes de Ninth Ward (o el gueto, como a menudo se le describe), no había nada a donde regresar. Las casas que estaban allí, e incluso a kilómetros de ese lugar, tenían que demolerse. El suelo y los muebles de madera estaban contaminados. No había nada que restaurar ni reconstruir. Se necesitaban al menos cinco años o más para la reconstrucción. ¿Y por dónde empezaba uno? Era abrumador.

Invitamos a una anciana, que estaba muy molesta y angustiada por todo lo perdido, a descansar en nuestra casa móvil mientras un trabajador iba a donde estuvo su casa para revisar el montón de escombros. El único objeto personal que pudo encontrar fue un cuadro que ella abrazó cuando lo vio. Todavía lo tenía agarrado cuando se fue, pues era la única posesión que le quedó después de vivir allí durante sesenta o setenta años.

Los traumas más profundos tenían que ver con la pérdida de seres queridos. Escuché una conversación telefónica en la que un hombre de mediana edad pedía ayuda para encontrar a su hija de nueve años, la que sabía que estaba muerta. La tenía agarrada de la mano cuando entraron al ático, pero se le resbaló y no la volvió a ver. La niña tenía parálisis cerebral y estaba parcialmente discapacitada. Para acelerar el proceso de identificación, les dijo que tenía un trasplante de cadera con una parte de titanio.

Si encontraban el cadáver de un miembro de su familia, no habría rituales funerales de acuerdo a su cultura, ya que los amigos y los otros miembros de la familia los reubicaron en otros lugares. No habría marcha con músicos, ni pastor, iglesia ni consuelo para su dolor.

El mes pasado me senté con esas personas cuyas vidas cambiaron para siempre debido a lo que sucedió en Las Vegas. Fue el primero de noviembre, y muchos tendrían una silla vacía en el Día de Acción de Gracias y en Navidad. Una familia muy conocida en mi ciudad extrañaría a su hija de veinte años. Una bala del asesino la alcanzó mientras corría hacia un lugar seguro. Cientos de personas asistieron al servicio para rendirle tributo y apoyar a la familia.

Había un grupo de estudiantes del instituto sentados en silencio sepulcral mientras escuchaban la noticia de que su profesora nunca más volvería a su clase. No pudo llegar a un lugar seguro mientras huía del peligro. No pudo correr más rápido que las balas, a pesar de que lo hizo muy rápido, tratando de encontrar un lugar para esconderse.

Escuché el dolor en la voz de una esposa cuando describía cómo su esposo trató de cubrirla y protegerla mientras estaba acostada en el piso y las balas rebotaban y los fragmentos volaban por todas partes. Su voz se quebrantó y se volvió temblorosa cuando contó que alguien movió el cuerpo y tuvieron que buscarlo durante horas, pues no sabían quién se lo llevó ni dónde estaba ahora. Todavía estaba buscando respuestas, incluso después de encontrar a su esposo en la morgue de un hospital.

Estos incidentes cambiaron la vida de muchas personas y seguirán impactando los pensamientos, las creencias, los sentimientos y las decisiones en los años futuros. Los trágicos eventos inesperados tienen un poder y un dominio no solo sobre unos pocos, sino sobre multitudes.

¿Alguna vez has hecho un viaje en balsa? Muchos de nosotros lo hemos hecho. Los ríos tienen números adjuntos para identificar la intensidad del flujo del agua. Los rápidos se clasifican según su potencia de clase I a clase VI.

La clase I es fácil, con aguas en rápido movimiento con olas agitadas y pequeñas. El riesgo es poco.

La clase VI es extrema y muy difícil, y los recorridos de esta clasificación rara vez se intentan. Son difíciles, imprevisibles y peligrosos. Son solo para expertos.

En algunos ríos, puedes flotar con seguridad; el agua está en calma. Ves rocas y troncos, y la balsa se balancea con suavidad. Sin embargo, otros ríos son famosos por sus aguas blancas. Esos ríos están llenos de turbulencias, y es difícil saber dónde están las rocas y los troncos sumergidos. Si haces unos de esos recorridos en aguas blancas, puede ser que, en algún momento, te caigas de la balsa y vayas a parar al agua. Debes estar preparado para eso, esperarlo y saber qué hacer cuando sucede.

La vida está llena de aguas desconocidas. Los que se adaptan, los que pueden ser flexibles, lidian con la turbulencia mejor que otros y pueden regresar a la balsa en algún momento[5].

Podemos resistirnos al cambio o a lo inesperado, o lidiar con esto y adaptarnos.

> La resistencia al cambio desgasta nuestros cuerpos, pone en riesgo nuestras mentes y desanima nuestros espíritus. Seguimos haciendo las cosas que siempre nos han funcionado con deprimentes resultados muy inferiores. Gastamos una energía preciosa buscando a alguien a quién culpar, ya sea a nosotros, a otra persona o al mundo. Nos preocupamos de forma obsesiva. Nos quedamos atascados en el pasado, perdidos en la amargura o el enojo. O caemos en la negación: *todo está bien. No tengo que hacer nada de una manera diferente.* O el pensamiento mágico: *algo o alguien va a venir y me va a rescatar, y no voy a tener que cambiar.* No queremos cambiar la agradable comodidad de lo conocido y lo familiar por la jungla escalofriante de lo que nunca hemos experimentado. De modo que nos resistimos y nos quedamos atascados[6].

Rellena la siguiente tabla.

Los diez peores eventos inesperados que me pueden pasar

Situación	¿Qué podría hacer?
1.	
2.	
3.	
4.	

Situación	¿Qué podría hacer?
5.	
6.	
7.	
8.	
9.	
10.	

¿Cuál es la probabilidad de que estas cosas te sucedan? En una escala del 0 al 10, intenta evaluar esa probabilidad: 10 sería muy probable, y 0 sería poco probable.

Un autor sugirió lo siguiente:

> Supongamos que diste por sentado lo peor. Ahora, ¿qué tan probable es que la crisis que acabas de imaginarte afectará alguna vez este evento?
>
> ¿Hay una «ligera probabilidad» de que suceda?
>
> ¿Qué tal que «muy rara vez» ocurra?
>
> ¿O dirías que es «muy probable»?[7]

¿Has escuchado alguna vez el término *daños estimados*? Si hay una gran probabilidad de que ocurra este evento, puede que sea mejor determinar, antes que suceda, qué harías si sucediera, en particular si no lo puedes evitar, evadir, controlar o interrumpir. Por ejemplo, en California, donde vivo, casi todos tenemos seguro contra terremotos. En otras partes del país, muchos tienen seguro contra inundaciones. Muchos piensan: *En realidad, esto no me va a pasar a mí,* ¿pero estás seguro de que no te sucederá?[8]

Una última idea: cuando experimentamos lo inesperado, se interrumpen nuestra vida y nuestros planes. Nos resistimos a eso. No nos gusta y no queremos que sea así. ¿Podría ser que esto no fuera una sorpresa, sino una intervención; no fuera un accidente, sino algo permitido? ¿Una intervención de Dios? Él tiene un propósito que aún no se ha revelado. Lo revelará en el transcurso del tiempo. Es algo en lo que debemos pensar; así como en estos pasajes de las Escrituras:

> «Porque yo sé muy bien los planes que tengo para ustedes —afirma el Señor—, planes de bienestar y no de calamidad, a fin de darles un futuro y una esperanza» (Jeremías 29:11).

> «Clama a mí y te responderé, y te daré a conocer cosas grandes y ocultas que tú no sabes» (Jeremías 33:3).

Veras, la vida está llena de eventos inesperados, inimaginables, previsibles e imprevisibles. Si entendemos ese hecho, seremos capaces de afrontar las tormentas y sorpresas que llegan a nuestra vida de vez en cuando.

Cuando esos eventos nos golpean, nos sacan de nuestro rumbo y a menudo nos hacen caer en picado, como un avión que pierde su potencia. ¿Es posible prevenir o evitar estos eventos de la vida? No. ¿Es posible sobrevivirlos e incluso hacernos más fuertes debido a los mismos? Sí. Y de eso se trata este libro. No solo se trata de sobrevivir, sino de aprender a dejar que Dios utilice esos eventos en tu vida para hacerte más fuerte en tu dependencia de Él.

Ah, gritarás y harás la pregunta: «¿Por qué?». Todos lo hacemos. Casi siempre es nuestra primera respuesta. Sin embargo, con el tiempo, nuestro grito de protesta cambiará a medida que entendamos el significado de nuestro dolor y sufrimiento.

Escribí este libro para ayudarte a comprender el significado de los eventos de la vida, a fin de que logres convertirte en un verdadero sobreviviente. *Es* posible recuperarte cuando te derriban las tormentas de la vida[9].

CAPÍTULO 2

Lo inesperado es inevitable

¿Cómo les llamarías a esos eventos de los que hablamos? Para esto, usamos diferentes nombres: intrusos, sorpresas, inesperados, estresantes, territorios desconocidos, destructores, alteradores o, incluso, crisis. ¿Qué son en realidad? ¿Cómo sabes que estás en una crisis? Usemos esta palabra, ya que nos resulta conocida. Se emplea constantemente, y una serie de acontecimientos que identificamos como crisis son variedades típicas de todos los días.

Hay varios elementos que se unen para crear esta condición perturbadora. Cuando eres consciente de las cuatro fases o etapas y entiendes la manera en que estas influyen en lo que experimentas, puedes dar el primer paso para lidiar con estas experiencias de una manera más positiva y convertirte en un sobreviviente.

La primera fase suele ser un *evento inesperado* y *molesto*. Todas esas palabras son importantes. Se trata de cualquier cosa que inicie una reacción en cadena de diversos sucesos lo que, a su vez, se convierte en una crisis. Pudiera ser algo que parezca menor o que amenace la vida. Por ejemplo:

- Una joven esposa que se preparó para su carrera durante siete años ahora descubre que, de buenas a primeras, está embarazada.

- Un estudiante universitario de último año que se dedicó a jugar baloncesto durante la escuela para jugar en la asociación de baloncesto profesional se fractura un tobillo mientras hace senderismo.

- Un gerente de una pequeña empresa resulta herido de gravedad debido a una bomba que lanzaron en el metro.

- Una viuda que cría a cinco hijos preadolescentes pierde su empleo en una profesión muy especializada.

- Roban en tu banco mientras estás ahí.

- Un pistolero llega a tu escuela y abre fuego.

- Vives en los estados del sur y pasa el huracán Irma dejando una devastación total.

- Se produjo un incendio forestal y no se sabe si tu hogar sobrevivió o no.

Lo que todas esas personas tienen en común es que se produce un evento que perturba sus vidas en ese momento.

Cuando te das cuenta de que estás molesto o de que te cuesta trabajo afrontar las cosas, pregúntate: «¿Qué evento está sucediendo o acaba de suceder en mi vida?». La causa de tu molestia casi siempre es bastante obvia para ti o para los que te rodean. En cambio, si no puedes identificarla, pide ayuda. Tal vez sea aún más obvia para otra persona.

El segundo elemento que contribuye a este estado es *tu vulnerabilidad*. No todos los eventos negativos conducen a una crisis. Tienes que ser vulnerable de alguna manera para que un evento se convierta en una crisis. Por ejemplo, si pasas dos noches sin dormir, tal vez seas vulnerable a una situación que casi siempre manejas sin dificultad. Sin embargo, este también pudiera ser un evento que amenace tu seguridad o tu vida. Tu pasado te afecta más de lo que te das cuenta. La enfermedad o la depresión reducen la capacidad de afrontamiento de una persona, al igual que los problemas emocionales no resueltos del pasado. Considera si te relacionas con cualquiera de estos:

Las heridas del pasado te impiden disfrutar la alegría del presente y del futuro.

El bagaje del pasado se puede resumir en una palabra: *dolor*. Este puede ser físico, mental, emocional o espiritual.

La palabra *negación* se usa demasiado y es probable que también se use mal. No obstante, a muchos de nosotros nos enseñaron a negar nuestros sentimientos. También los negamos debido a que en el momento del trauma o dolor, necesitábamos la negación para poder afrontarlo.

Aprendemos a desconectarnos del dolor o sufrimiento, tal como los adolescentes lo hacen con la represión de los padres.

Cuando bloqueas una emoción, las bloqueas todas. Cuando eliminas tus malos sentimientos, también desaparecen los buenos.

Muchos tenemos pasados tan llenos de dolor que nuestro patrón de vida se enfoca en ir a lo seguro y de ese modo no corremos el riesgo de que nos hieran de nuevo. Encontramos formas de crear una distancia segura y evitar pérdidas, así como construir muros que mantengan fuera a los demás[1].

El problema es que lo que sepultamos en el pasado intensifica el malestar presente. (Para más información y detalles sobre el pasado, consulta mi libro *When the Past Won't Let You Go* [Harvest House, Eugene, OR, 2016]).

Hace poco conversé con una mujer que quería renunciar a su hijo en adopción temporal, cancelar un importante evento de recaudación de fondos y dejar su negocio. ¿Por qué? Porque estaba deprimida debido a la amenaza de otra pérdida en su vida. ¡Estaba abrumada y tenía ganas de renunciar a todo! Le pedí que durante su tiempo de depresión no tomara ninguna decisión que cambiara su vida, pues podría lamentarlo más adelante. Y esos serían cambios significativos que les afectarían a ella y a su familia.

Recientemente, conversé con varias personas que estuvieron presentes en el tiroteo de Las Vegas. No querían exponerse a un lugar público debido a la multitud de personas, así como al sonido que les recordaba el evento.

La tercera fase en una crisis es *el verdadero enojo*. Ya sabes, ¡la gota que colma el vaso! Esas son las épocas en las que parece que afrontas un evento perturbador tras otro, así que estallas al caerte comida en la ropa. En realidad, tu reacción a este incidente es una reacción a todos los demás eventos. Es como si guardaras todo tu enojo y lo descargaras sobre un miembro de la familia que hace algo que no te gusta. Todo el enojo acumulado sale a la vez. La mayoría de las veces, por no decir siempre, el enojo se debe a cosas que no tienen nada que ver con lo que acaba de hacer tu familiar.

La última fase es el *verdadero estado de crisis*. Todo el mundo difiere en la manera de lidiar con esto. Una crisis es a menudo una situación cambiante e inestable, algo así como una enfermedad. Con una enfermedad tienes que identificar qué es y luego cuidarte. La palabra clave es *identificar*, lo que tiene que suceder antes de poder lidiar con la crisis.

Si te preguntara cómo respondes a una crisis, ¿qué dirías? Cuando sientes que ya no puedes lidiar con lo que sucede en tu vida, se convierte en una crisis.

Por lo general, hay claros síntomas de estrés, que incluyen factores fisiológicos o psicológicos, o ambos. Estos síntomas pueden incluir depresión, ansiedad, dolores de cabeza, úlceras sangrantes, y más cosas. En otras palabras, experimentas alguna clase de malestar extremo. He conversado con varias personas del tiroteo en Las Vegas y, mientras hablan, les tiembla el cuerpo.

También experimentas una sensación de pánico o derrota. Puede que creas que lo has intentado todo y nada resulta. Te consideras un fracaso; te sientes derrotado, abrumado, indefenso. ¿Esperanza? No hay esperanza.

En este punto, puedes responder de una de las dos maneras siguientes: Una es perturbarte y emplear comportamientos contraproducentes como andar de un lado a otro, consumir drogas, conducir demasiado rápido, meterte en discusiones o peleas. La otra es volverse apático, lo que es igualmente contraproducente. Esto podría incluir dormir o beber demasiado, o usar drogas al punto de que ya no sientas el dolor.

Tu principal preocupación en este momento es obtener alivio. Buscamos un escape del dolor del estrés. Y lo queremos ahora, en lugar de más tarde; queremos que Dios responda nuestras oraciones y cambie nuestra situación.

En una crisis importante, casi nunca estamos en condiciones de resolver nuestros problemas con normalidad. Esto incrementa nuestro estado de confusión, ya que casi nunca somos capaces de hacer bien las cosas. El golpe emocional hace que una persona parezca aturdida y responda de manera extraña. Si estás en estado de choque, puede que te sientas desesperado y acudas a otras personas. Es más, puedes volverte demasiado dependiente de la ayuda de otros para salir del dilema.

Esta también es una época en que disminuye la eficiencia. Tal vez continúes actuando con normalidad, pero en vez de responder con una capacidad del cien por cien, tu respuesta quizá sea del sesenta por ciento. Esto también te perturba. Mientras mayor sea la amenaza de tu propia valoración de lo que sucede, menos habilidad tendrás para lidiar con la situación.

Cuando trabajo con grupos o individuos, les advierto que su habilidad mental en ese momento es limitada. No recordarán las cosas tan bien o no serán tan precisos. También necesitan tener mucho cuidado a la hora de conducir, porque en esa época tienen muchas probabilidades de recibir una multa de tráfico o tener un accidente. A menudo, cuando digo esto, o antes de terminar, alguien levanta la mano y me dice: «Demasiado tarde, Norm. Me pusieron una multa cuando venía para aquí», o «Estaba conduciendo y me pasé de la salida».

Trabajé con un grupo de estudiantes del instituto que presenciaron el asesinato de uno de sus compañeros en el aula. Un estudiante dijo: «Norm, antes del tiroteo, memoricé todo el contenido de la clase. Me lo sabía al derecho y al revés. Podía hacer el examen con los ojos cerrados. ¡Ahora no me acuerdo de nada!».

¿Es posible evitar la experiencia de una crisis? Sí y no, pues los disgustos y las sorpresas son parte de la vida. Además, algunas situaciones son verdaderas crisis; otras son problemas que escalan hasta la crisis.

Hay tres factores que afectan la intensidad de lo que experimentas y que tal vez contribuyan a que un acontecimiento se convierta en una crisis. Estos son: cómo ves el problema, cuánto apoyo recibes de otras personas y cuán fuertes son tus mecanismos para abordarlo. Los tres son muy importantes.

En primer lugar, hablemos de la forma en que ves un problema y el significado que tiene para ti. Algunos acontecimientos son amenazantes para cualquiera, mientras que otros puede que solo sean amenazantes *para ti*. En ocasiones, tu percepción hace que el acontecimiento se vuelva amenazante. Tus creencias, ideas, expectativas y percepciones obran juntas para determinar la forma en que ves lo que sucede, así como el resultado.

Todos tenemos nuestra propia manera de percibir un evento. Si un amigo responde a cierto evento de modo más intenso que tú, es probable que este sea más significativo para él que para ti.

Dos personas pueden ver el mismo hecho de maneras diferentes, dependiendo de varios factores. Por ejemplo, evalúas la muerte de un amigo cercano desde diversos puntos de vista: cuán cercana era la relación, con qué frecuencia te comunicabas con ese amigo, cómo has respondido a otras pérdidas y cuántas pérdidas has experimentado en los últimos tiempos. Una mujer profundamente involucrada en la vida de su esposo percibe su muerte de manera diferente a como lo hace un amigo cercano, un socio de negocios o el tío que veía al difunto una vez cada cinco años.

Cuando experimentas una crisis, sufres la pérdida o la amenaza de una pérdida de algo importante para ti. Piensa qué es más importante para ti. ¿Hay alguna cosa en tu vida ahora mismo que esté en peligro de convertirse en una crisis? Si te cuesta trabajo responder esa pregunta, tal vez el siguiente escenario te ayude a descubrir lo que es más importante para ti en tu casa:

Te acaban de informar que destruirán por completo tu casa en unos minutos. Solo tienes tiempo para salir de tu casa, llevando contigo lo que es más importante y valioso para ti. ¿Qué vas a llevar?

No importa lo que digas que llevarás, no lo harás a menos que lo planifiques, porque se trata de una crisis y no te acordarás de nada. No puedes pensar. En cambio, si haces una lista y la pones en un lugar visible, la recordarás (sí, ¡yo tengo mi lista!).

Las personas a menudo se sorprenden de lo que es significativo para ellas y lo que no lo es. Este ejercicio también hace que algunas personas reevalúen lo que creen que es importante.

Considera otro escenario:

> ¿Qué acontecimiento, si fuera a ocurrir en los próximos doce meses, sería el más perturbador o devastador para ti? Escribe otros cuatro eventos, en orden de importancia, usando el mismo criterio. Ahora, piensa en cómo lidiarías con estos eventos y superarías las pérdidas involucradas en cada uno. (Quizá quieras volver al primer capítulo).

Un segundo factor que afecta la intensidad de una crisis es si existe o no una red adecuada de amigos, familiares o agencias que nos apoyen. Aquí es donde el cuerpo de Cristo debe entrar en juego como uno de los mejores grupos de apoyo disponibles. No obstante, la iglesia necesita saber cómo responder en tales momentos. Sé de varias iglesias que responden a la pérdida de un ser querido de una persona o familia al tener una familia diferente asignada para ministrarlas todas las semanas durante un año. Llaman a la familia, le envían notas, le llevan comida, salen con ellos, etc. Desde los tiroteos en Las Vegas y en Sutherland, Texas, muchas personas están dando un paso al frente para apoyar a los sobrevivientes, y no lo harán solo por unos días, sino durante meses y años.

Un tercer factor que ayuda a determinar si un evento se convierte o no en una crisis tiene que ver con el mecanismo de afrontamiento de la persona. Si tus habilidades y estrategias de afrontamiento no funcionan bien, o se deterioran con rapidez, puede que te sientas abrumado. Algunos mecanismos de afrontamiento son saludables, mientras que otros son destructivos. Los mecanismos de afrontamiento abarcan cubren toda la gama de: racionalización, negación, investigación de lo que hacen los demás, oración, lectura de las Escrituras, etc. Cuanto mayor sea la cantidad y diversidad de los métodos de afrontamientos *saludables* que emplees, menos probable será que un problema o enojo te abrume.

CÓMO LAS PERSONAS RESPONDEN A UNA CRISIS

Cuando experimentas una crisis, tu respuesta puede ser diferente a la de tus familiares o amistades. No obstante, hay algunas respuestas básicas que son comunes en la mayoría de las personas, dependiendo de lo que las consuela durante las épocas difíciles. Dale un vistazo a algunas de las respuestas típicas y mira si puedes identificar cómo respondes tú:

- Algunos acuden a otras personas para que las protejan y controlen durante una época de crisis. Dicen: «Por favor, hazte cargo de mí».

- Algunos necesitan a una persona que los ayude a mantener el contacto con la realidad y con lo que no lo es. Dicen: «Ayúdame a saber lo que es real ahora. Ayúdame a saber lo que es verdadero y lo que no lo es».

- Algunos se sienten terriblemente vacíos y necesitan el contacto amoroso con otras personas. Dicen: «Cuídame, ámame».

- Algunos necesitan que otra persona esté disponible todo el tiempo para sentirse seguros. Dicen: «Quédate siempre conmigo. Nunca te vayas».

- Algunos tienen una necesidad urgente de hablar. Dicen: «Déjame sacarme esto del pecho. Escúchame al contarte la historia una y otra vez».

- Algunos necesitan consejos sobre ciertos asuntos urgentes. Dicen: «Dime qué hacer».

- Algunos necesitan poner en orden sus pensamientos en conflicto. Dicen: «Ayúdame a poner las cosas en perspectiva».

- Algunos necesitan la ayuda de cierto tipo de especialista. Dicen: «Necesito el consejo de un profesional».

Tal vez te identifiques con algunas de estas respuestas. Si es así, es probable que te ayude comentarle tu necesidad a los más cercanos a ti.

¿Por qué parece que algunos lidian bien con esos eventos mientras que otros no? Observa algunas de las características de quienes parece costarle más trabajo afrontar las crisis.

Para empezar, algunos solo son *frágiles en lo emocional*, y les cuesta más trabajo afrontar determinados eventos.

Los que tienen un *impedimento físico* o una *enfermedad* tendrán dificultades debido a que tienen menos recursos para hacerle frente a la crisis.

Los que *niegan la realidad* tienen muchas dificultades a la hora de lidiar con una crisis. Puede que algunos nieguen el hecho de que están enfermos de gravedad, o en la ruina financiera, o que su hijo consume drogas o que tienen una enfermedad terminal.

Cuando ocurre lo inesperado, algunos empiezan a medicarse. Se sienten incómodos a menos que hagan algo con su boca, tales como comer, hablar o fumar. Esta *negativa en afrontar el problema real* puede continuar durante algún tiempo y, en realidad, puede contribuir a crearle un problema adicional a la persona. También puede alejar a otros.

Otra característica es un *enfoque poco realista del tiempo*. Algunas personas juntan las dimensiones del tiempo de un problema o extienden los factores del tiempo hacia el futuro. Quieren que el problema se «solucione» de inmediato o demoran en solucionarlo. El apresuramiento puede significar no abordar el problema como es debido. El retraso evita el malestar de la realidad, pero agrava el problema.

Los que luchan con la *culpa excesiva* tendrán dificultades al afrontar una crisis. Tienden a culparse a sí mismos por la dificultad, lo que incrementa los sentimientos de culpa y los inmoviliza más aún. Muchos batallan con la culpa del sobreviviente.

Otra característica de quienes no afrontan bien la crisis es la tendencia a volverse *demasiado dependientes* o *demasiado independientes*. Estas personas rechazan ofrecimientos de ayuda o se aferran a otros. Los que se aferran te ahogan si tratas de ayudarlos. Las personas demasiado independientes rechazan los ofrecimientos de ayuda. No claman por ayuda, incluso si se deslizan cuesta abajo hacia el desastre. Cuando se produce el desastre, continúan negándolo o culpan a otros por lo sucedido.

La Dra. Amanda Ripley nos da muchas sugerencias acerca de cómo incrementar nuestras oportunidades de sobrevivir y hacernos resistentes. Muchos sugieren que esa actitud marca la diferencia. Quienes afrontan bien una crisis y se recuperan, casi siempre tienen ciertas creencias y ventajas:

- Creen que pueden influir en lo que les pasa.

- Encuentran un propósito significativo en las tormentas de la vida.

- Están convencidos de que pueden aprender tanto de lo bueno como de lo malo.

En esencia, su enfoque está en el potencial positivo, y la práctica marca una diferencia definitiva. La resiliencia se puede forjar mediante el ensayo: practicar pasos positivos una y otra vez es determinante.

Incluso, hablarte de forma diferente una y otra vez con frases como «Puedo lidiar con esto» o «Me recuperaré», tiene un impacto en tu cerebro. Tienes que decirte que hay un propósito significativo aquí, y repetirte una y otra vez que puedes aprender de tu terrible experiencia. Incluso, si no lo crees por completo, tu cerebro está escuchando.

Otro principio que marca la diferencia es establecer relaciones con tus vecinos. La mayoría de nosotros no conocemos a los que viven a una o dos casas más allá de la nuestra, a menos que tengamos hijos de la misma edad.

Una tercera sugerencia es disminuir la ansiedad, la preocupación y el temor. Los que tienen mayores niveles de ansiedad, preocupación y temor, tal vez tengan una gran tendencia a exagerar o malinterpretar las señales de peligro. Están en alerta o más vigilantes que los demás.

Una cuarta sugerencia es identificar tu riesgo con antelación y evaluar si es real o no.

Por último, prepara tu cerebro practicando lo que harías en caso de terremoto, tiroteo, incendio, etc. Esto influirá en el desempeño[2].

TU PERCEPCIÓN DE DIOS

Hay otro factor a considerar que tiene relación con todos los demás: *cómo percibes a Dios*. La creencia en Dios y cómo lo percibimos a Él es un reflejo de nuestra teología, pero esto asusta a muchas personas.

A menudo, cuando pasamos épocas difíciles y crisis, nos vemos obligados a evaluar lo que creemos en realidad. Lo lamentable es que muchos determinan lo que creen por lo que les sucede. Permiten que sus circunstancias determinen su teología. Cuando los problemas de la vida los golpean, ¡tal parece que negaran las promesas de Dios y empezaran a preguntarse si le interesa siquiera su situación!

En ocasiones, las crisis cambian nuestra perspectiva con respecto a Dios. Max Lucado describe muy bien este proceso:

> Hay una ventana en su corazón a través de la que puede ver a Dios. Había una vez cuando esa ventana estaba limpia y transparente. La vista que tenía de Dios era lozana. Podía ver a Dios tan vívidamente como podía ver un valle apacible o la falda de un cerro. Los vidrios estaban limpios, el marco perfecto.
>
> Usted conocía a Dios. Sabía cómo Él trabaja. Sabía lo que Él quería que usted hiciera. Sin sorpresas. Nada inesperado. Sabía que Dios tenía una voluntad y continuamente usted descubría cuál era.

De pronto, esa ventana se agrietó. Una piedra la rompió. Una piedra de dolor.

Es posible que le lanzaran la piedra cuando era un niño y su papá se fue de la casa... para siempre. O quizá su corazón recibió el impacto y se rompió en la adolescencia. O ya era un adulto cuando la ventana se hizo trizas. Cuando haya sido, la piedra llegó.

¿Habrá sido una llamada telefónica? «Su hija está detenida aquí en el cuartel de policía. Debe venir cuanto antes».

¿O habrá sido una carta encima de la mesa de la cocina? »Me fui. No trates de buscarme. Ni intentes llamarme. Todo se acabó. Ya no te quiero».

¿Habrá sido el diagnóstico del médico? «Me temo que las noticias no son buenas».

¿Habrá sido un telegrama? «Lamentamos informarle que su hijo ha sido declarado perdido en acción»[3].

¿Por qué terminamos sintiéndonos decepcionados de Dios? ¿Es de veras por Él o podría ser por nuestras expectativas? Tenemos nuestra propia agenda que no le decimos a nadie. Creemos: «Si Dios es Dios, entonces...». Sin embargo, ¿coincide nuestra agenda con la enseñanza de la Escritura? Los que creen en la soberanía y naturaleza protectora de Dios tienen un mejor fundamento para afrontar la vida.

El Dr. Robert Hicks tuvo algunas ideas sobre la presencia de Dios.

El primer paso para sanar de nuestro dolor psíquico es reconocer que, en realidad, Dios estaba presente cuando ocurrió la tragedia. A pesar de que puedes sentir que Él estuvo ausente, estuvo muy presente, afligido, sufriendo y tal vez hasta enojado por esta injusticia. Dios no lleva a una vida protegida, como algunos piensan. Su presencia universal se extiende a lo peor de los acontecimientos. Dios estaba en Vietnam; Él estaba en el Holocausto; Él estaba en la escena de la violación; Él estaba allí cuando un niño murió. Él todavía está aquí. No podemos huir de su presencia incluso cuando lo intentamos.

Como me dijo una persona afligida: «Descubrí que me tropecé con Él mientras huía». La sanidad comienza en su presencia. En su presencia es que las nuevas emociones reconstructivas (alegría y dicha) tienen sus orígenes (lee el Salmo 16:11). Estas emociones deben provenir de la convicción de que Alguien se preocupa de manera profunda por mí y sabe con exactitud lo que experimenté porque Él estuvo allí en el trauma. En este sentido, lo primero que podemos hacer para sanar es volvernos a Dios[4].

Un libro que me habla cada vez que lo leo es *How Can It Be All Right When Everything Is All Wrong*, de Lewis Smedes. Este autor atravesó circunstancias difíciles en su vida. Sus percepciones y sensibilidad a las crisis, y la presencia y participación de Dios en nuestra vida, pueden responder muchas de nuestras preguntas. Una de sus experiencias personales muestra cómo nuestra teología nos ayuda a través de los cambios de la vida.

> La otra noche, mientras intentaba dormir, me divertía recordando los momentos más felices de mi vida. Dejé que mi mente vagara por donde quisiera. Me acordé de la vez que me resbalé por una viga de un granero y caí en una suave pila de heno recién cortado. Ese fue un momento feliz a la perfección. Sin embargo, mi mente también se trasladó a una escena que sucedió hace algunos años que, hasta donde recuerdo, fue el momento más doloroso de mi vida. A nuestro primer hijo lo arrebató de nuestras manos una deidad caprichosa, según me pareció a mí, que no quería llamar Dios. Me sentí engañado por un estafador cósmico. Y, por unos minutos, pensé que no me sería fácil volver a sonreír.
>
> Pero entonces, no sé cómo, en algún cambio milagroso de mi perspectiva, tuve la extraña e inexpresable sensación de que mi vida, nuestras vidas seguían siendo buenas, que la vida es buena porque se nos *dio* y que sus posibilidades aún eran incalculables. De ese vacío de sentirme abandonado al dolor surgió la inexplicable idea de que todo nos es dado. Solo podía ser un

regalo de gracia. A mi corazón vino un impulso irreprimible de bendecir a Dios por su dulce regalo. Y eso era gozo... a pesar del dolor. Al volver la vista atrás, ahora me parece que nunca más he sentido una gratitud tan grande y redentora, ni un gozo tan profundo y sincero[5].

UNA SALIDA NECESARIA

Los sentimientos que experimentas en una crisis vienen como las olas. La intensidad del terremoto de cualquier crisis aminora, y entonces las grandes olas de las emociones comienzan su proceso destructor. Y continúan llegando, ola tras ola.

Estos sentimientos tienen que tener una salida. Si eso no sucede, no se quedarán sepultados. Algún día explotarán y se vengarán. Un autor lo describe bien.

> Nunca olvidaré el día en que mi papá dejó un aerosol en la ventana de atrás del auto de la familia mientras jugaba al golf. El sol castigó la ventana durante un par de horas y entonces la lata explotó, lo que hizo añicos las ventanas y abrió un hueco en el techo de acero del auto. La fuerza fue inimaginable.
>
> Lo mismo ocurre con los sentimientos no expresados que surgen en medio de las crisis. Se enconan y enconan hasta que explotan, añadiendo daño sobre daño, sin hacer nada para reducir el problema[6].

Tal vez este capítulo reflejara algunas de las experiencias de tu vida. Tal vez atravesaras un problema que se convirtió en una crisis y ahora comprendes los factores que condujeron a eso y que lo intensificaron. O a lo mejor este capítulo sea para ti una ventana hacia el futuro, puesto que tus crisis no te han golpeado aún. Lo harán.

Es cierto, lo inesperado nos destruirá o nos transformará. ¿Acaso no es triste que la primera lección que casi todos aprendemos sobre la crisis es cuando la experimentamos? ¿Por qué nadie nos enseñó acerca de la realidad de la crisis y sus características, y de cómo prepararnos para lidiar con una crisis antes de afrontarla?

Los sobrevivientes, esos con *resiliencia*, son las personas que entienden el significado de estos eventos, las formas típicas de responder a una crisis y las etapas que una persona experimentará a medida que la atraviesa. Cuando leas el capítulo siguiente, te darás cuenta de que lo que experimentaste en tus épocas de crisis es normal. Este conocimiento no solo brinda una sensación de alivio, sino que nos ayuda a convertirnos en personas de resiliencia.

CAPÍTULO 3

Colorado Springs

La siguiente experiencia es solo una de terror y sanidad. Lo lamentable es que habrá más como esta en nuestro futuro.

En el año 2007, a tres de nosotros nos pidieron que ministráramos en una gran iglesia donde había cientos de personas traumatizadas debido a un pistolero. Incluí esta historia porque situaciones así son cada vez más frecuentes. Esto también ocurrió después de una semana del fallecimiento de mi esposa durante cuarenta y ocho años. La historia se escribió justo después de ministrar en esa iglesia.

El Señor es mi roca, mi amparo, mi libertador;
es mi Dios, el peñasco en que me refugio.
Es mi escudo, el poder que me salva,
¡mi más alto escondite!
Invoco al Señor, que es digno de alabanza,
y quedo a salvo de mis enemigos [...]
Me libró de mi enemigo poderoso,
y de aquellos que me odiaban
y eran más fuertes que yo.
En el día de mi desgracia me salieron al encuentro,
pero mi apoyo fue el Señor
(Salmo 18:2-3, 17-18).

EL INCIDENTE

Un asesino solitario les disparó a cuatro misioneros de JuCUM (Juventud con una Misión) en una iglesia en Denver, matando a dos de ellos, y luego condujo hasta una iglesia en un pueblo cercano. Esta era una iglesia muy conocida. Todo parecía indicar que al asesino lo expulsaron de JuCUM en el pasado, y que una vez tuvo una confrontación con dos miembros de la junta directiva de la iglesia en el otro pueblo.

El asesino llegó a la iglesia, luego esperó hasta la una de la tarde, cuando la mayoría de los guardias de seguridad ya se habían ido. Colocó dos bombas de humo en lugares estratégicos, condujo hasta otra entrada de la iglesia y salió del auto. Tenía dos pistolas semiautomáticas, un rifle de asalto semiautomático y mil balas. Reunió esas armas durante más de un año. Primero abrió fuego contra una furgoneta donde viajaba una familia de seis personas. Las hijas de dieciocho y dieciséis años murieron (una al instante y la otra después de una operación), y el padre recibió dos disparos en el abdomen. En el auto también estaban una niña de doce años, la hermana gemela de la de dieciocho años y la madre.

Después abrió fuego contra otro vehículo, disparándole siete u ocho ráfagas e hiriendo a la madre en el hombro. Disparó a través de las puertas de la iglesia, luego entró en el pasillo, disparando mientras caminaba, y allí una guardia de seguridad le disparó. Al parecer, sus disparos lo hicieron caer y, entonces, se disparó en la cabeza.

LA RESPUESTA

Nuestro ministerio de capellanía recibió la petición de ayudar a esas congregaciones y pastores. Nos llamaron para dialogar, participar en consejería, ofrecer ayuda y apoyar al personal de la iglesia y a la congregación, y básicamente ministrar de cualquier forma que nos fuera posible. Y lo hicimos. Fue desafiante, gratificante y agotador. Ministramos, pero salimos de allí sintiendo que nos ministraron la congregación y el personal. Era una congregación amorosa, preocupada y solícita en busca de toda la ayuda que pudiera recibir. También era una congregación que oraba, y eso resultó bastante obvio. Nos impresionamos por la manera en que esta iglesia respondió durante las primeras cuarenta y ocho horas. Nos contaron una historia tras otra de la manera en que Dios intervino durante esos minutos de terror. Puesto que este evento ocurrió después del segundo servicio, había miles que ya no estaban en el lugar. Sin embargo, entre trescientas y quinientas personas estuvieron involucradas, de una forma u otra, después del tiroteo. Algunas vieron cadáveres o el tiroteo y algunas escucharon los disparos.

La primera mañana fuimos al hospital para reunirnos con la familia que perdió a dos hijas. Era una familia muy unida que vivía en Denver, pero participaba de forma activa en el ministerio de esa iglesia. Desde el instante en que los trasladaron de la iglesia al hospital, estuvieron rodeados de muchos pastores que oraban por ellos constantemente.

Cuando llegamos, supimos que la madre y las hijas tenían programada una visita a la funeraria para ver los cadáveres, pero la madre no estaba lista y se encontraba sedada. La madre se sentó en una silla del hospital, envuelta en una manta. Luego de un rato, abrió los ojos y dijo: «Me preocupan mis hermanas que están aquí. Se sienten muy enojadas por todo esto. Tengo muchos hermanos, y hace unos treinta años nuestra madre se quemó. Esto ha despertado todo eso porque en realidad nunca lo afrontamos. Necesitan hablar con alguien». Entonces, fui a verlas y conversamos un rato.

Luego, fui a la habitación del padre y escuché su historia. Su respuesta era una mezcla de profundo dolor y sufrimiento, así como de esperanza en el futuro. Su fe y dependencia del Señor eran asombrosas. Todavía había una sensación de adormecimiento en la respuesta de la familia, y su futuro iba a ser muy doloroso, pero los sostendría su fe. Las dos hijas que murieron acababan de regresar de un viaje misionero a la China. El padre hizo una significativa observación cuando dijo: «Éramos una familia de seis, pero ahora tendremos que reconfigurarla, pues solo quedamos cuatro. Ya no tenemos a dos de nosotros, y tendremos que aprender nuevas formas de responder».

La gemela sobreviviente de dieciocho años estaba allí con su novio, y después de reunirme con los padres de él, que cuidaban a las otras dos hijas que quedaron, supe que eran graduados de la Universidad de Biola y que el padre asistió al Seminario Talbot por un tiempo.

Al día siguiente, el personal médico decidió que la familia quedaría aislada durante veinticuatro horas. Habían estado contando tanto la historia que estaban abrumados y ahora apenas podían terminar una oración. Necesitaban descansar. Es de esperar que en situaciones futuras que experimenten otros, alguien esté a su disposición para escribir la historia en nombre de las víctimas y, luego, distribuirla al personal que necesita la información. En una etapa tan temprana en la experiencia de una víctima, contar repetitivamente la historia solo refuerza el trauma.

Lo que es más, la madre estaba decidida a ir a la funeraria con dos de sus hermanas, y lavarles y peinarles el cabello de las chicas en preparación para el servicio fúnebre. Estábamos muy preocupados por la posibilidad de incrementar el trauma que esto podría causar, a pesar de la ayuda que sería para la madre.

Más tarde fui a la iglesia para tener la primera de tres grandes sesiones grupales. La primera reunión fue con el personal, un grupo de unas cien personas, junto con cincuenta pasantes universitarios. El encuentro duró una hora y media, y cada reunión de ese día fue única y diferente. Eran una mezcla de diálogos, enseñanzas acerca del dolor, la crisis y el trauma, así como dar sentido y esperanza en base a las Escrituras. Lo siguiente fue lo que dije en mi comentario introductorio, después que se contaron unos a otros su propia historia:

«Gracias por venir aquí a esta reunión. Es probable que algunos de ustedes desearían estar en otro lugar y que el propósito de este encuentro no fuera necesario. Y especialmente en esta época del año, no deberíamos estar aquí debido a una tragedia, pues esta es la temporada de los deseos experimentados y los deseos cumplidos. Deseamos y esperamos agradables experiencias familiares y ciertos regalos también. Sin embargo, en medio de esta temporada significativa, hubo una intrusión mortal en nuestras vidas. Yo también tengo algunos deseos.

»Desearía poder decirles que esta tragedia no sucedió, que solo se trata de una pesadilla y que todos nos despertaremos y todo estará bien. En cambio, no puedo. Desearía poder darles una fórmula que lo remediara todo con rapidez, y que acabara con su dolor y respondiera sus preguntas. En cambio, no puedo. Desearía poder decirles que su dolor y sufrimiento se terminarán pronto, que regresarán a la normalidad y que no se acordarán más de esto. En cambio, no puedo. Puesto que a todos ustedes, así como a todo el cuerpo de creyentes, los hirieron de manera profunda».

De ahí pasamos a conversar sobre sus experiencias y a debatir sobre el dolor y el trauma, y los pasos que podían dar.

Después de ese encuentro me reuní con dos estudiantes universitarios que quedaron muy traumatizados con el incidente, una por lo que vio y el otro porque conocía a las chicas asesinadas. Cuando escuchó los disparos, el joven fue hasta la furgoneta, se subió en medio del caos, se quitó la camisa e intentó detener el flujo de sangre de una de las chicas. Se quedó para ayudar hasta que los médicos y la policía lo sacaron de la escena. Luego, se fue a su casa, se cambió de ropa, pero olvidó botarlas y se quedó en la habitación de su compañero de cuarto esa noche. Sin embargo, en la mañana vio su ropa, las que olvidó botar, y eso lo volvió a traumatizar. Ambos jóvenes apenas podían hablar por el dolor y el llanto. Los escuché, les hice algunas sugerencias acerca de lo que podían hacer para cuidar de sí mismos durante los próximos días, y oré con ellos.

Tenía media hora hasta que empezara el siguiente encuentro grupal, pero no tuve receso porque uno de los pastores me dijo que una miembro del personal necesitaba hablar conmigo.

Este evento reactivó un trauma de tres años atrás. La joven era hija de unos misioneros que vivieron y sirvieron en México. La raptaron y mantuvieron como rehén durante once días, mientras los siete captores pedían un rescate. Por fortuna, no la maltrataron de ninguna manera y la devolvieron a su familia. No obstante, la trasladaron apuntándole con una pistola, y cuando escuchó los disparos, lo recordó todo y se escondió debajo del escritorio. Más tarde, cuando la policía llevaba a cabo la revisión, la encontraron, y cuando levantó la cabeza, vio que uno de ellos le apuntaba con un arma, lo que la trastornó más aún. Mientras conversábamos, me preguntaba si todavía estaba enojada con los raptores, pues me confesó que le robaron su identidad por lo que hicieron. Pensaba que no estaba enojada con ellos, pero diez minutos después se dio cuenta: «Todavía *estoy* enojada con ellos».

La animé para que escribiera una carta descargando todo su enojo sobre cada uno de ellos y la leyera en voz alta.

La siguiente sesión grupal fue con más de quinientos líderes de grupos pequeños de las iglesias. Esta reunión tenía una estructura similar a la anterior, pero con otro énfasis sobre *qué hacer y qué no hacer* y decir a los miembros de sus grupos pequeños. No solo no hubo tiempo suficiente para hacer lo que quería hacer y los recursos audiovisuales eran inadecuados, sino que, justo cuando comencé, se disparó la alarma contra incendios y se pudo ver una gran variedad de respuestas de sobresalto, vigilancia extrema y hasta una persona con un ataque de pánico total e hiperventilación.

A fin de ayudar a los líderes de sus grupos, la iglesia compró cuatrocientos ejemplares de *Helping Those Who Hurt* [Ayudemos a los que sufren]. En cada reunión grupal distribuimos diez páginas de materiales sobre el sufrimiento, la crisis, el trauma, cómo responder y qué esperar, etc. (La iglesia distribuyó estos materiales a toda la congregación el domingo, la cual fue una sabia decisión). Era evidente que el pastor y el personal no solo afrontaban este trauma, sino las consecuencias de los problemas anteriores. Dios sí redime la tragedia, y está allí en medio de la más profunda dificultad.

Inmediatamente después de esta reunión, fuimos al santuario para un servicio de adoración. Se había enviado un correo electrónico a la congregación con el propósito de que se reuniera para adorar, orar, escuchar la Palabra y reconocer a todos los que habían ayudado. Y sí vinieron, entre seis y siete mil personas. Fue un magnífico tiempo de adoración y oración. El vicegobernador, el procurador general del estado y el alcalde hablaron todos. El mensaje del pastor fue equilibrado y se enfocó en «No temas». Sus palabras, según se cita en uno de los periódicos, fueron:

El pastor principal les dijo a los miembros, que en total suman alrededor de diez mil, que orarían por valor.

Y perdonarían al asesino.

La familia de la iglesia, dijo, extendería compasión a la familia del pistolero, quien al final se suicidó después de acabar con otras cuatro vidas.

Dijo: «El temor no nos gobernará. Somos personas de fe. Somos personas de esperanza. El cielo no está asustado por lo que sucedió. Hay una familia en Denver que también entierra a un hijo», dijo el pastor. «Pase lo que pase, la pérdida de un hijo es la pérdida de un hijo».

Dijo que la congregación dejaría atrás cualquier ofensa, cualquier daño.

Oraban por la sanidad de los heridos, dos en Arvada y tres en Colorado Springs. Concluyó con: «Señor, danos recuerdos que sean del cielo y no del infierno».

Se alentó a la congregación a que caminara por el edificio, el sitio de los tiroteos, y el estacionamiento, y que se orara en cada área y se reclamara para el Señor y su obra. Como dijera un hombre: «Solo puedo recordar los pocos minutos de terror o puedo elegir recordar los años de bendición».

La adoración y los cantos fueron asombrosos, y este servicio fue un paso positivo para comenzar a afrontar el suceso, el dolor, y seguir adelante. El pastor animó a todos los que estuvieron directamente involucrados o traumatizados de alguna manera a reunirse con nuestro equipo para hablar de lo ocurrido, pero en lugar de un grupo pequeño, terminamos en una gran capilla con unas ciento veinticinco personas de todas las edades, incluidos los niños. Pudimos ver el dolor y el trauma en sus caras. Muchos habían afrontado el pensamiento de que iban a morir.

Durante cuarenta y cinco minutos los guiamos en una reunión informativa y les proporcionamos un folleto de ocho páginas.

Después que hablé sobre la importancia de que contaran su historia, ya fuera de forma oral o por escrito, una joven me preguntó si podía contar su experiencia. Hace ya algunos años, estuvo en el incidente de Columbine. Cuando empezó el tiroteo, intentó esconderse, pero le dispararon dos o tres veces y pasó algunos días en el hospital. Enfatizó la importancia de contar la historia de lo sucedido para recibir sanidad. Fue increíble cómo Dios trajo a las personas adecuadas en el momento adecuado para ayudar en el proceso de sanidad.

Después de la reunión, conversamos con algunas personas. Más o menos a las nueve y media de la noche me di cuenta de que estaba vacío de manera emocional y espiritual, y no tenía nada más que aportar ese día, de modo que me fui.

A la mañana siguiente nos reunimos con la otra familia herida. La madre recibió un disparo en el hombro, mientras que a los otros los alcanzaron la metralla y el vidrio. La familia, compuesta por la madre, el padre y sus hijas de quince y veinte años, y su amiga de edad universitaria, conducía por la iglesia cuando vieron al pistolero delante de ellos y pensaron que tenía un arma de bola de pintura. Mientras avanzaban con lentitud hacia él, este se volvió y les disparó a través del parabrisas. Entonces, se dieron cuenta de que esto era real. Durante los segundos que siguieron, todo el mundo pensó que iban a morir.

Cinco de nosotros estuvimos reunidos con los cinco en la sala durante casi dos horas hablando del incidente. Cada uno contó su historia e interactuó con todos. Hubo lágrimas, expresiones de temor y susto en los rostros, y una manifestación de la dependencia del Señor, evidencia de una vida de oración fuerte y de esperanza para el futuro. La atmósfera emotiva y llorosa se transformó en una en la que todo el mundo reía, lo que a menudo sucede en esa clase de diálogos.

Cuando se presenta una oportunidad para el humor, la aprovechamos. El pastor en nuestro grupo abrió la Biblia en el Salmo 37 y se dio cuenta de que su perro se había comido algunas páginas. No creo que esperaba que yo dijera: «Bueno, dichoso perro». La sorpresa en su rostro y el colapso de ataques de risa valió la pena y fue muy útil para liberar tensiones.

Conversamos con ellos acerca de los futuros desencadenantes de su trauma, como los sonidos, los olores, ver a alguien que se parece al pistolero, las imágenes y los escenarios en las películas y la televisión, y sobre qué evitar y cómo afrontarlos.

En medio de una experiencia que pone en peligro la vida y la cambia, su confianza y dependencia en el Señor fue un modelo para todos nosotros. Fue un privilegio haber estado a su lado. Dios usará esta experiencia en sus vidas para ministrar a otros, y están dispuestos a que Él los guíe en esto.

Durante nuestro debate, la chica adolescente, a cuya madre hirieron en el hombro durante el tiroteo, dijo: «Hice una lista de bendiciones de esta experiencia. ¿Puedo leérsela a ustedes?». Con su permiso, he aquí lo que dijo esa joven con el cabello engominado en punta y una camiseta que declaraba en la parte de atrás: «Jesús salvó mi vida»:

Estos son verdaderos milagros auténticos de la mano de Dios:

- El segundo disparo, a través del reposacabezas de papá, debió haberle dado y matado. En la posición de conducción normal, lo habría hecho, pero estaba inclinado solo un poco hacia adelante para ver mejor al tipo.

- Tercer tiro: No tengo idea de cómo este no les dio a mi mamá ni a mis hermanas.

- Cuarto tiro: disparó la bala a *quemarropa* a nuestro auto. Le dio a mi mamá en el hombro, y entró y salió a la perfección. No le dio a mi papá. Mi abrigo, que estaba sobre mis rodillas, también lo impactó, como después vi, y si no hubiera estado ahí, es probable que hubiera sufrido una herida más seria en mi rodilla. También tenía la cabeza cerca de las rodillas y, hasta donde sé, no la tocó.

- Mi hermana, que era la más vulnerable de nosotras tres en el asiento de atrás, salió ilesa.

- Mi otra hermana, que también era vulnerable al disparo a quemarropa y que estaba justo detrás de mi mamá, salió ilesa.

- Cuando nuestro auto se detuvo, muerto, creo que Dios lo hizo para que el asesino apartara su enfoque de nosotros.

- Mi papá es un protector asombroso.

- Mamá no sufrió ningún daño muscular.

- Nuestro auto encendió de nuevo.

- De cinco que estábamos en el auto, una fue herida y una bala atravesó la parte de arriba de la sombrilla. Si tenemos en cuenta las probabilidades de que eso suceda, es más bien absurdo.

- Dios captó nuestra atención, envió a sus ángeles para que nos cuidaran y protegieran, y lo hicieron.

- Sobrevivimos un ataque de odio gracias a mi Padre en lo alto, el Señor mi Dios, quien fue, quien es y quien vendrá. Él me libró del enemigo.

Más tarde esa mañana, nos reunimos con los pastores, y escuché a muchos hablar sobre el pistolero y expresar su profunda preocupación por sus padres y el resto de sus familiares, así como afirmar su decisión de perdonarlo.

Planificamos qué hacer durante las siguientes semanas y meses. Qué renovador fue ver una iglesia tan dispuesta a dar los pasos necesarios para la sanidad y seguir adelante.

Uno de los pastores y su esposa me llevaron al aeropuerto, y pasamos todo el tiempo escuchando su historia de terror y ayudándolos. Los otros dos miembros del equipo se quedaron y pasaron un tiempo hablando de lo ocurrido de forma individual y en grupo.

Esta actividad fue una experiencia intensa. Fue una oportunidad para ministrar y ser ministrados, para aprender, crecer y ser bendecidos. La Escritura lo describe mejor:

> Alabado sea el Dios y Padre de nuestro Señor Jesucristo, Padre
> misericordioso y Dios de toda consolación, quien nos consuela
> en todas nuestras tribulaciones para que, con el mismo consuelo
> que de Dios hemos recibido, también nosotros podamos
> consolar a todos los que sufren. Pues, así como participamos
> abundantemente en los sufrimientos de Cristo, así también por
> medio de él tenemos abundante consuelo (2 Corintios 1:3-5).

Ministramos debido a nuestra experiencia, y en el futuro muchos de los afectados por esta tragedia ministrarán a otros.

Algunos me han preguntado: «¿Qué me dices de tu dolor?». Verás, mi esposa durante cuarenta y ocho años falleció dos meses antes después de luchar con tumores cerebrales por cuatro años.

Ministrar y ayudar a otros es parte de mi proceso de sanidad. Es importante reinvertir en otros. Incluso, mientras viajaba a Colorado, mi mente regresaba a las imágenes y pensamientos de mi esposa. Aun así, permanecía en mi trabajo y decía: «No, no ahora. No en este momento», porque sabía el efecto que eso podría tener en mí. Tal vez hubiera un momento para darle rienda suelta a mi dolor antes de regresar a casa o tal vez no. Podría controlar esto hasta cierto punto, mientras que habría otros desencadenantes sobre los que no tenga ningún control. Sin embargo, sé que el dolor no se ha ido. Está ahí, acechando bajo la superficie como un róbalo gigante (¿qué más?) solo a la espera de la oportunidad para un atracón.

Hubo algunas ocasiones en las que se abrió paso y estuve a punto de desplomarme, pero me di cuenta de que mi enfoque en ese momento tenía que estar en los demás y que después me ocuparía de mí cuando pudiera resolverlo en realidad. Y lo haré. Sé que llegará en los próximos días. Se necesita. Cuando conducía desde el aeropuerto, a unos dos kilómetros de casa empecé a sentirme diferente. Era como si el dolor me penetrara emocionalmente, como cuando estás acostado y sientes frío y, con lentitud y suavidad, te cubres con una manta.

A veces sentía el dolor moviéndose dentro de mí, como si buscara un lugar por el cual salir. Quizá cuanto más tienda a restringirlo, más energía gane. Mientras escribo esto, parece silencioso, como si

estuviera durmiendo, pero sé que despertará. ¿Cuándo? Solo el dolor
lo sabe con certeza.

Al día siguiente se hizo notar su presencia. El dolor continuará
haciendo esto por más tiempo del que deseo y por eso me aferro a
esta promesa de la Escritura: «Convertiré su duelo en alegría. Los
consolaré y cambiaré su aflicción en regocijo» (Jeremías 31:13, NTV).

CAPÍTULO 4

La recuperación

Todos los ojos estaban fijos en el joven parado a solo cinco centímetros del borde de una plataforma a más de sesenta metros de altura. Desde su perspectiva, es probable que la distancia le pareciera tan profunda como el abismo del Gran Cañón. Las personas que estaban abajo lo miraban con fascinación, mientras esperaban. Levantó un pie algunos centímetros en el aire, vaciló y lo volvió a bajar. Entonces, respiró profundo, parpadeó y saltó al vacío. Cayó y bajó hasta que su cuerda se tensó. De repente, pareció volver a la plataforma. La flexibilidad de la cuerda elástica lo lanzó hacia el cielo. Tenía resiliencia. Tenía la capacidad de recuperarse.

Uno de los juguetes que recuerdo de mi infancia era una paleta con una larga cuerda elástica y una pequeña pelota adjunta. Golpeabas la pelota con la paleta lo más duro que pudieras para hacerla volar lo más lejos posible, estirando la cuerda elástica hasta el límite. ¡Déjame decirte que tenía resiliencia! A veces, la pelota volvía volando hacia mí como un misil, ¡y muchas veces no daba en la paleta y me golpeaba! Muy pronto aprendí a respetar el poder de la elasticidad.

A lo largo de los años, he descubierto que algunas personas tienen la capacidad de recuperarse... tienen *resiliencia*. Sin embargo, otras no. Quizá ya te hayas preguntado qué es lo que tengo que marca la diferencia. ¿Por qué algunas personas tienen la capacidad para recuperarse después de la adversidad mientras otras no? Ese es el propósito de este libro: descubrir la forma, no solo de sobrevivir, sino de crecer a través de los problemas de la vida.

Las historias de supervivencia están en todas partes. La revista *Selecciones del Reader's Digest* ha narrado muchas de ellas. Uno de los números contó la historia de cuatro pescadores de un país centroamericano. Un día, mientras estaban pescando, algo le pasó a su barco. Dejó de funcionar. Pronto se vieron atrapados en las corrientes y no divisaban tierra firme ni las rutas marítimas. Los hombres estuvieron a la deriva durante meses antes de que les descubrieran vivos aún. El enfoque del artículo estaba en cómo sobrevivieron.

Un periódico publicó la historia de un avión que se estrelló en las montañas durante la peor época del invierno. La combinación de las tormentas de nieve y el terreno accidentado impidió que los rescatistas llegaran al avión antes de diez días. Ante lo peor, se sorprendieron al descubrir que las catorce personas vivían aún. Una de las primeras preguntas que les hicieron los rescatistas fue: «¿Cómo sobrevivieron?».

He preguntado esto en muchos de los eventos intensos en los que he trabajado: «¿Cómo sobrevivieron?». Hay quienes experimentan crisis interminables. Es un disgusto tras otro. Quizá sea ahí donde tú o alguno de tus seres queridos viven en este momento. Tu crisis podría tomar la forma de una enfermedad devastadora que destruye todos los sueños en los que has trabajado durante años. O tus finanzas se agotaron, y el adormecedor dolor de agotamiento y desesperación se ha deslizado en la vida de tu familia. Quizá tengas un hijo que se escapara de tu casa o eligiera un estilo de vida opuesto por completo a tus valores. ¿O qué me dices de la familia a cuya niña de ocho años la atropelló un auto al doblar en una curva sin visibilidad? Eso sucedió hace treinta años, y todavía no puede hablar ni moverse. Treinta años de expectativas, esperanzas, poniendo sus sueños en espera.

¿Cómo sobrevive uno, cuando durante un período de varios años, asesinan de manera trágica a dos de tus hijos adultos, otro hijo te dice que es gay y que tu esposo pierde la memoria por un problema médico? Esto no es ficción. Le pasó a una amiga mía.

¿Cómo sobrevives los tiroteos en Miami, Las Vegas o Sutherland, Texas?

Otro amigo mío que ministró a miles de jóvenes en un ministerio de campamentos durante los últimos veinte años, y que era un destacado compositor y cantante, con el tiempo apenas podía caminar. Desarrolló dificultades para cortar la comida en su plato. Sus manos que una vez fueron hábiles, ya no podían tocar la guitarra. Tenía esclerosis múltiple. Nunca mejoraría, pero sobrevivió quince años más de los que le dieron los médicos.

No solo disfruto con recibir tarjetas en Navidad, sino también cartas llenas de noticias acerca de los acontecimientos del año. La carta de una amiga contaba la siguiente experiencia. Durante el año pasado, a nueve de sus amigas de la iglesia les diagnosticaron cáncer y dos murieron poco tiempo después. Ella y su esposo estuvieron involucrados en un choque de frente con otro auto. A su esposo le hicieron una operación por cálculos renales y tuvo complicaciones. El padre de él murió más adelante, ese mismo año. A dos amigos los sentenciaron a cadena perpetua, uno por envenenar a su esposa y el otro por molestar sexualmente a su nieta. Su cuñado abandonó a su esposa y a su hijo por la cocaína. Su propio hermano tenía ideas suicidas y tuvieron que meterlo en un programa de rehabilitación. Estaba almorzando en un muelle con un estudiante japonés cuando un anciano en una silla de ruedas se impulsó hasta el muelle cerca de ellos, se alzó por encima de la baranda y se lanzó al océano, en un intento de suicidio.

Es probable que estés pensando: *Eso es increíble*, o *Es demasiado para que una persona pueda lidiar con eso*, o *¡Qué sobrecarga!* Y eso es lo que fue: una sobrecarga, una sobrecarga inesperada. No obstante, sobrevivió.

Es probable que tu crisis no salga en las noticias. Muchas no salen. No obstante, para ti duele y pesa tanto como cualquier otra. Hay muchos eventos que destrozan la vida como la pérdida de un hijo, la pérdida de un cónyuge a causa del divorcio o la muerte, el abuso, una demanda, una enfermedad mental en tu familia, un robo o acosos de otras maneras. Sabes a lo que me refiero; es inevitable que no lo sepas. En la vida, los disgustos están en todas partes. Y, ahora, luchamos con el terrorismo.

¿Por qué algunas personas sobreviven a las aflicciones y dificultades de la vida, y otras no? ¿Por qué algunos superan las tormentas de la vida mientras otros se sienten abrumados por ellas?

Tal vez sea porque pensamos que las tormentas son las excepciones a la regla del buen tiempo. Tal vez nuestra perspectiva sea errónea. Mi propuesta es que los buenos tiempos son, más bien, las excepciones.

Hace algunos años fui a pescar a un lago en Minnesota con varios familiares. Era un día hermoso. A medida que caía la tarde, todo se quedó quieto y en calma. De repente, mi primo dijo: «¡Vamos para la orilla... rápido!». No podía creer lo que escuchaba. El clima era fabuloso y los peces empezaban a morder el anzuelo. Sin embargo, mi primo dijo: «Ya verán». Para cuando llegamos a la orilla, diez minutos después, luchábamos contra vientos entre cincuenta y sesenta kilómetros por hora. Parecía que venían de la nada. Estuvimos metidos en nuestras tiendas de campaña durante horas, pensando que en cualquier momento se desprenderían de sus estacas.

¿De dónde vino la tormenta?, me preguntaba. En un momento el cielo estaba despejado, al siguiente nos vimos azotados por fuertes vientos y un aguacero torrencial.

Así son las tormentas. Casi siempre aparecen de la nada, en los momentos «equivocados» y son inoportunas por completo. Estorban nuestros planes, y algunas dejan devastación a su paso. La vida nunca es igual después que atraviesa algunas tormentas.

Hay otras tormentas que nos dan algunas alertas. Aparecen de manera gradual, y los meteorólogos nos lo advierten con antelación. Te puedes preparar para estas, hasta cierto punto, si las predicciones son coherentes, aunque a menudo no lo son, y otra vez nos damos cuenta de que no estamos preparados.

Las tormentas vienen de todos los tipos, tamaños, formas e intensidades. Hay tormentas de lluvia, de nieve y de vientos. El profeta Nahúm dijo: «El Señor [...] camina en el huracán y en la tormenta» (1:3).

He estado en algunas tormentas donde el cielo estaba dividido por destellos brillantes de rayos seguidos por truenos ensordecedores. Me paré en la orilla del lago Jackson en el Parque Nacional de Grand Teton y escuché que los truenos empezaron a rodar por la cordillera de Teton a treinta kilómetros a mi izquierda, y continuar frente a mí hasta llegar al Parque Nacional Yellowstone. Fue una impresionante y asombrosa experiencia.

Cuando experimentamos una crisis, parece que todo está «en riesgo». ¿Cómo definirías esa experiencia? El *Diccionario de la lengua española* define la palabra *crisis* como un «cambio profundo y de consecuencias importantes en un proceso o una situación». Este término a menudo se usa para describir la respuesta interna de una persona ante algún peligro externo. Cuando tú o yo experimentamos un evento como este, al principio nos toma por sorpresa y por un tiempo perdemos nuestra habilidad para lidiar con el mismo. ¿Sabes a lo que me refiero? Es muy posible que lo sepas si has vivido por algún tiempo.

Serás capaz de lidiar mejor con ese evento si comprendes lo que es y el potencial que tiene para beneficiarte. Con demasiada frecuencia pensamos que las crisis son esos acontecimientos poco comunes, casi siempre negativos que debemos evitar, cuando lo cierto es que son el material de que está hecha la vida. ¿Por qué digo esto? Porque las crisis tienen el potencial de desarrollar el carácter cristiano en nosotros. «También en nuestros sufrimientos, porque sabemos que el sufrimiento produce perseverancia; la perseverancia, entereza de carácter; la entereza de carácter, esperanza. Y esta esperanza no nos defrauda, porque Dios ha derramado su amor en nuestro corazón por el Espíritu Santo que nos ha dado» (Romanos 5:3-5).

A veces resulta difícil ver cualquier potencial, cualquier bien, cualquier beneficio o, incluso, cualquier forma de recuperarse de una crisis. Puedes darle un vistazo a la primera página de cualquier periódico o mirar los primeros quince minutos de cualquier noticiero en la televisión para ver que las crisis vienen en todas las formas y tamaños.

Un empresario que perdió su negocio y se tuvo que declarar en bancarrota no tenía visión para su futuro. Se preguntaba si la vida alguna vez sería estable de nuevo. No solo se preguntaba una y otra vez el porqué, sino que también se preguntaba dónde estaba Dios cuando más lo necesitaba. Su crisis desafió sus creencias y su fe en Dios. *¿Cómo tal pérdida podría tener algún propósito?*, pensaba. Se sintió perdido y se preguntaba cuál sería su primer paso para avanzar. La aplastante experiencia lo paralizó.

No se me ocurre otro ejemplo más público. Tal vez te acuerdes de algún día significativo en el deporte. Uno de los mejores bateadores del Montreal Expos estaba en el plato afrontando un lanzador muy bueno de los Gigantes de San Francisco. El lanzador miró al corredor que estaba en primera base y luego lanzó la pelota lo más fuerte que pudo. No se imaginaba que sería la última pelota que lanzaría en un partido. En todo el estadio se escuchó un chasquido agudo cuando el hueso del brazo de Dave Dravecky se fracturó en dos. Los que lo observaban lo vieron agarrarse el brazo; más tarde dijo que sintió como si el brazo fuera a volar hacia el plato. También escucharon su grito cuando cayó a tierra.

No solo se trataba de que se fracturara el brazo. Los médicos descubrieron que el cáncer que pensaba que estaba en remisión había aparecido de nuevo. Tuvieron que amputarle el brazo a la altura del hombro para asegurar que el cáncer no se extendiera al resto de su cuerpo[1].

¿Te puedes imaginar las preguntas y los pensamientos que te pasarían por la mente si pasaras por una experiencia como esa? Pierdes parte de tu cuerpo. Pierdes la habilidad que perfeccionaste con mucho esfuerzo a lo largo de los años. Es probable que te preguntes: *¿Qué pasa con mi identidad? ¿Qué me dices si el cáncer se propaga? ¿Cuáles son mis probabilidades de sobrevivir? ¿Cómo me gano la vida ahora?* Pronto, el desconcierto, el miedo y el terror se convierten en tus compañeros.

Me viene a la mente un amigo mío que conducía del trabajo a la casa cuando se tropezó con un accidente. Un auto golpeó a una motocicleta. Mi amigo se detuvo y se dirigió al auto para ver si los ocupantes estaban bien. Todos lo estaban. Entonces, se dirigió hasta la motocicleta y le pareció conocida. Cuando se paró al lado de la motocicleta verde y levantó el visor del casco del conductor, reconoció el rostro de su hijo de diecinueve años que estaba muerto. Toda la familia entró en crisis.

Cuando pierdes a un ser querido, queda un vacío muy doloroso en tu vida. Tu sensación de incredulidad, junto con la estupefacción, se convierten muy pronto en el dolor de darse cuenta de que la persona está muerta... se fue. Mi amigo se sintió como si le hubieran cortado una parte de su cuerpo cuando la realidad de la muerte de su hijo lo golpeó con toda su fuerza. Pensó: *Mi hijo nunca más entrará por esa puerta con una sonrisa en el rostro.* Se destruyó cualquier futuro con su hijo.

Con la mayoría de los acontecimientos inesperados viene también otro invitado indeseado: la muerte de un sueño. Tal vez una de las mejores expresiones de lo que experimentamos cuando esto sucede se encuentra en el poema «Sueños», de Langston Hughes:

> Si los sueños mueren,
> la vida es un pájaro de alas rotas
> que no puede volar [...]
> Cuando los sueños se van,
> la vida es un campo estéril
> congelado por la nieve[2].

Estoy seguro de que Sue sintió toda la emoción inherente en este poema cuando algo sucedió para devastar su vida. Sue era una mujer que tenía un sueño triple: ser esposa, madre y misionera. Logró las tres cosas. Parecía que todos sus sueños se estaban haciendo realidad. Tenía un esposo, dos hijas y servía en un campo misionero en el extranjero. Un día, descubrió que su esposo había estado involucrado en una aventura amorosa. Ahora, vive en los Estados Unidos, trabaja como enfermera y cría sola a sus hijas. Sue nos narra la muerte de su sueño:

> En realidad, hubo dos sueños que murieron cuando se marchó mi esposo. Uno de ellos fue la muerte de un matrimonio. Tenía la visión de que estaría casada por el resto de mi vida. Ahora, desapareció esa visión. Durante mucho tiempo tuve

una imagen mental de que estaba en una tumba, tratando de enterrar mi matrimonio. Se cavó el hoyo, pero las tablas atravesaban la tumba para que no pudieran poner el ataúd en la tierra. El ataúd estaba abierto y no pudieron continuar con el entierro porque me negué a arrojar mis flores. Sostenía el ramo de bodas muerto, el símbolo de mi matrimonio. Me quedé con ese ramo durante mucho tiempo.

Sabía que estaba empezando a sanar cuando llegó el día en mi visión de que quise recoger algunos nuevos claveles rosados para mí y arrojar el ramo muerto al ataúd. Ahí fue cuando supe que empezaba a dejar de lado mi dolor[3].

Necesitamos llorar la muerte de los sueños destruidos. Sin embargo, hay algo más que le puede pasar a un sueño. Cuando no muere, sino que se daña, el sueño cambia. Entonces, tienes que empezar a construir tu sueño de nuevo.

Soñaba con que mi hija fuera a la universidad. Después de todo, ¡contaba con casi nueve años de universidad y estudios de posgrado! También había otra razón por la que tenía expectativas tan altas para Sheryl. Nuestro hijo, Matthew, tenía un retraso profundo y nunca sería más que un niño mentalmente. Esto se sumó a mi deseo de que Sheryl fuera a la universidad. Además, yo enseñaba en una universidad cristiana en ese momento y su matrícula sería gratuita.

Después de un año de universidad, Sheryl decidió que eso no era para ella. Luego de medio semestre en la escuela de diseño de modas, la dejó y dijo que iría a una escuela de cosmetología para convertirse en manicura. Nuestro sueño inicial se dañó, y nos preguntábamos a dónde nos llevaría este nuevo sueño. ¡No nos imaginábamos lo que pasaría!

¡Sheryl se convirtió en una de las técnicas y artistas de uñas más famosas del país! Ganó la mayoría de las competiciones de uñas nacionales e internacionales. Fue dueña de un salón, publicó su propio libro sobre el arte de las uñas, y le pidieron que enseñara y ejerciera como jueza en eventos a nivel internacional. *Sus* sueños se hicieron realidad. Nosotros tuvimos que cambiar nuestros sueños para que se alinearan con los suyos. Hay momentos en los que todos tenemos que cambiar nuestros sueños a fin de seguir adelante.

Ahora mismo, en tu ciudad o pueblo, muchas personas experimentan sus propios acontecimientos que hacen colapsar su mundo. Ahora vivimos con el temor de los ataques terroristas en nuestra comunidad. He visto los resultados de primera mano y he ministrado a los sobrevivientes.

Casi todos nosotros experimentamos derrotas individuales. Piensa en las siguientes:

- El corazón de un joven, que se llenó de amor por cierta joven, ahora está lleno de un dolor que jamás pudo imaginar porque le rechazó su propuesta de matrimonio.

- Una familia no ha tenido ningún ingreso durante meses. Los cheques de desempleo se acabaron, y no hay ninguna esperanza de un trabajo.

- Un joven atleta que pasó los últimos quince años esforzándose para hacer realidad su sueño de jugar fútbol profesional escucha al cirujano decir: «Tu lesión de la rodilla no tiene cura».

- Una joven madre que va a asegurarse de que su bebé de tres meses está bien se da cuenta de que fue víctima del síndrome de muerte súbita del lactante (SMSL).

- El hombre de cuarenta años de edad que acaba de salir de la consulta del médico con la mente nublada, todavía tratando de encontrarle sentido al diagnóstico mortal que acaba de escuchar.

La crisis que experimentamos tú y yo puede ser el resultado de uno o varios acontecimientos. Quizá sea grande y abrumadora, tal como la muerte de un niño, o podría tratarse de un problema que tiene un significado especial solo para ti, que hace que sea abrumadora. Podría ser un problema que llega en un momento en el que estás especialmente vulnerable, o cuando no estás preparado. Estoy seguro de que has tenido que lidiar con un fregadero obstruido. Esto casi nunca representa un problema grande, a no ser por la incomodidad de tener que arreglarlo. No obstante, si el fregadero se obstruye cuando tienes gripe y has pasado dos noches casi sin dormir, te sientes abrumado. ¡Es la gota que colma el vaso!

Si se presenta un problema cuando tus habilidades de afrontamiento no funcionan bien, o cuando no tienes el apoyo ni la ayuda que necesitas de otros en ese momento, te sientes abrumado y percibes el acontecimiento como devastador.

Hay tres posibles resultados de lo inesperado: un cambio para mejor, un cambio para peor o un regreso al nivel de funcionamiento anterior.

La palabra *crisis* tiene un valioso significado. El término chino para crisis (*weiji*) está compuesto de dos símbolos: uno para peligro y el otro para oportunidad. La palabra en español se basa en el vocablo griego *krísis*, que significa «decidir». Este es un tiempo de decisión y juicio, así como una época de cambio para bien o para mal.

Cuando el médico habla de una crisis, se refiere al momento en el curso de una enfermedad cuando se produce un cambio para mejorar o para empeorar. Cuando el consejero habla de una crisis matrimonial, se refiere a un momento de cambio en que el matrimonio puede tomar cualquiera de estas dos direcciones: puede avanzar hacia el crecimiento, el enriquecimiento y el mejoramiento, o puede moverse hacia la insatisfacción, el dolor y, en algunos casos, la disolución. Cuando piensas en las crisis que has experimentado, ¿cuál fue su resultado? ¿Un cambio para bien, para mal o para regresar a la normalidad?

Tal vez te sientas atascado; es muy fácil sentirse atascado después que te golpea un suceso inimaginable. A veces no sabemos qué camino tomar. He estado atascado antes. Somos incapaces de movernos, ya sea hacia adelante, hacia los lados y hasta hacia atrás. Estar atascado significa que no te puedes mover. Me he quedado atascado en las arenas movedizas y en el lodo en un río. Por mucho que lo intentaba, nada daba resultado. He estado atascado en mi mente, sin saber hacia dónde moverme. Tenía que tomar una decisión, pero mi cerebro no funcionaba. Mi habilidad de concentrarme y tomar una decisión estaba ausente.

¿Has pasado por eso? Inmovilizado, así te sientes cuando estás atascado. Me he sentado con personas que desearían poder moverse, pero no pueden. Si estás atascado, tal vez te resulten útiles las sugerencias que aparecen a continuación o, al menos, te pueden brindar un poco de ánimo y esperanza.

¿Alguna vez te has preguntado por qué las personas responden de maneras diferentes a los acontecimientos devastadores? ¿Por qué algunos parecen lidiar tan bien con esos eventos? ¿Por qué algunos sufren con una intensidad mucho mayor que otros? Si ves las entrevistas en los noticieros, te puedes dar cuenta de la variedad de respuestas de los sobrevivientes. Veamos por qué pasa esto. No hay una respuesta fácil.

Todo el mundo es diferente. A todos nos programaron de un modo diferente y traemos distintas experiencias de vida y habilidades a un evento.

Cuando tiene lugar un acontecimiento negativo, si pudiste hacer algo tal como ayudar a otros o encontrar una solución, te sentirás menos molesto y frustrado que si no pudiste hacer nada. Mientras trabajaba con los sobrevivientes del tiroteo de Las Vegas, perdí la cuenta del número de personas con las que hablé que estaban luchando con la culpa del sobreviviente. Muchos decían: «Debí haber...» o «Si al menos...». Se sentían culpables de que no los hubieran matado mientras a otros sí o decían: «Debí haber regresado» o «¿Por qué no cubrí su cuerpo?».

Hay muchos que sobreviven y avanzan en la vida.

Hay muchos que no sobreviven y permanecen donde están o incluso se deterioran. ¿Cuál es la diferencia?

Existe una serie de factores que determinan quién se recupera y crece, y quién no:

- El primero es crucial. Los que sobreviven planean con anticipación a fin de prepararse para una pérdida o lo inesperado. (Por eso es que en este libro encontrarás sugerencias sobre cómo prepararte con anticipación).

- Cuando no es posible planear con antelación, acuden a otras personas que son muy ingeniosas y aprenden de ellas.

- No son quejosos habituales. Encuentran maneras de deshacerse de cualquier sentimiento negativo.

- Son conscientes de lo que pueden hacer, pero buscan la ayuda de otros cuando es necesario. No solo eso, sino que son capaces de brindar ayuda cuando otros la necesitan.

- Tienen el deseo de aprender y crecer. No quieren permanecer donde están en la vida.

Antes de seguir leyendo, haz un alto y, en una escala del 0 al 10, evalúa dónde te encuentras en cada uno de los rasgos antes mencionados.

0	1	2	3	4	5	6	7	8	9	10

Tal vez te sea útil conversar con otra persona acerca de tu perspectiva sobre ti mismo y pedirle que te evalúe también. Haciendo esto mostrarás que tienes el deseo de aprender y crecer.

- A medida que crecen y maduran, pueden identificar los modelos que influyeron de manera positiva y pueden darles crédito por esto.

- Aceptan la responsabilidad por lo que les sucede en la vida, en vez de culpar a otros. Aprenden a ser vencedores.

- Desarrollan estrategias de afrontamiento y aprenden a planificar para superar la adversidad.

- Tienen un fuerte sentido de los valores que pueden sostenerlos en tiempos de dificultad.

- Tienen una actitud optimista, incluso durante los tiempos difíciles.

- El disfrute de la vida está presente, ya sea si las cosas van bien o no.

- Cuando los golpea el infortunio, no los paraliza; más bien aprenden de esto, tanto para su propio beneficio como para el de los demás.

- Aprenden a ser flexibles y adaptarse a medida que se esfuerzan en proyectos y desafíos.

- Su propósito en la vida es trabajar duro para mejorar en todos los ámbitos de la vida.

- Afrontan los desafíos con el deseo de superarlos[4].

Los golpes de la vida nos hacen daño. No obstante, esta advertencia nos puede ayudar: Por lo general, los que más sufren son los que guardan silencio, pero los gritones se recuperan mejor que sus compañeros silenciosos. Al menos saben que están heridos y que sienten dolor. Por varias razones, no nos permitimos experimentar el dolor que sentimos.

Cuando una persona se encuentra con una experiencia traumática, se convierte en un individuo herido, y como sucede con todas las heridas, la sanidad toma tiempo. Sin embargo, las cicatrices suelen ser el resultado del trauma. El *trauma psíquico*, un término utilizado en los círculos profesionales, se define como «un estado emocional de incomodidad y estrés que resulta de los recuerdos de una experiencia extraordinaria y catastrófica que destruyó la sensación de invulnerabilidad del daño del sobreviviente»[5].

Nuestras suposiciones acerca de cómo pensamos que debería funcionar la vida forman un marco cognitivo o mental en torno a la realidad. Dentro del marco colocamos nuestras más profundas esperanzas, expectativas y sueños. Nos vemos teniendo una vida maravillosa, exitosa y hermosa. En cambio, la tragedia rompe el cuadro. Como un retrato que se cae de la pared y se estrella contra el suelo, de repente el marco que rodea el hermoso retrato de la realidad se hace añicos[6].

¿Qué pasos o acciones que realizaste en el pasado resultaron útiles para avanzar? Cuéntale tu historia a alguien que sea un buen oyente y no juzgue.

Sería útil buscar la ayuda de un consejero que tenga experiencia en este aspecto.

Busca libros o incluso investiga en el internet lo que tenga que ver con tu situación. Cada día busca algo nuevo que aprender y comienza a hacer una lista de lo que aprendiste y cómo eres diferente.

Haz una lista de tus habilidades y fortalezas. Muéstrales tu lista a otras personas y pídeles que añadan otras cosas.

Describe cómo serás dentro de un año. ¿Qué necesitarás hacer para lograrlo?

¿Qué puedes hacer hoy para ayudar a otra persona?

CAPÍTULO 5

Las etapas son normales

Abres los ojos, pero no puedes ver con claridad. Parpadeas. Todo es brumoso, como si estuvieras en una espesa neblina. Hay una sensación de irrealidad en todo lo que te rodea. Te sientes como si te hubiera atropellado un camión de dos mil kilos. Parpadeas otra vez, pero tu visión del mundo todavía es un poco imprecisa. ¿Estás perdiendo la cabeza? ¿Estuviste en un accidente? ¿Alguien te golpeó? Es probable que nada de lo anterior.

¡Bienvenido al mundo de lo inesperado o impensable! Cuando tú y yo entramos en ese estado llamado «época de crisis», ¡nos sentimos como si hubiéramos tocado un cable de electricidad! A medida que leas acerca de las cuatro fases inherentes a esta situación, ten presente que el tiempo para transitar por cada fase será diferente para cada uno de nosotros. No compares tu experiencia con el tiempo aproximado que se sugiere para atravesar cada fase. Podrías experimentar una crisis intensa que prolonga cierta etapa durante meses. Y si te enfrentas a otra crisis antes de resolver la primera, la situación se agrava, lo que retrasa aún más cada etapa.

¿Por qué es importante conocer estas fases? Al conocerlas,

- te darás cuenta de que no te estás volviendo loco; solo atraviesas un pasaje normal.

- aliviarás un poco el dolor y la presión al recordar: «Ah, sí, esta fase pasará y seguiré a la siguiente».

- reconocerás que hay una luz al final del túnel, que hay esperanza y nueva vida.

- obtendrás más pronto el control de tu vida y del resultado al saber qué esperar.

Como lo expresara la escritora Ann Stearns:

> La recuperación de una pérdida es como tener que salir de la carretera principal cada tantos kilómetros porque la ruta inicial está en reconstrucción. Las señales de tránsito te desvían a través de pueblos pequeños que no esperabas visitar y pasar por caminos llenos de baches en los que no querías andar dando tumbos. En esencia, viajas en la dirección apropiada. Sin embargo, en el mapa, el curso que sigues tiene el aspecto de los dientes de tiburón en lugar de una línea recta. Aunque te acercas poco a poco, a veces dudas que alguna vez te encuentres con el final de la carretera. *Hay una carretera terminada en tu futuro.* No sabes cuándo ni dónde, pero está ahí. Descubrirás un mayor sentido de resiliencia cuando sepas con antelación lo que experimentarás y que tu respuesta es normal[1].

La primera etapa de una crisis se denomina la *fase de impacto.* La intensidad de la respuesta de una persona a una crisis varía, pero todos sentimos el impacto. Sabes de inmediato que te sucedió algo drástico. Estás estupefacto. Es como si alguien te golpeara en la cabeza con un listón de 5 X 10 cm, y veas estrellas.

Por lo general, con estos eventos entramos en una neblina. Se trata de una neblina de incredulidad. «No, esto no está pasando, no a mí, no ahora, no a nosotros». Para algunos, esta neblina es impenetrable, no puedes ajustarte a la realidad en tu cabeza[2]. Quizá se trate de una negación o a lo mejor solo estás aturdido.

Excepto en casos de gravedad extrema, tendemos a mostrar un estilo de negación sorprendentemente creativo y deliberado. Esta negación quizá tome la forma de demora, que puede ser fatal, como lo fue para algunos el 11 de septiembre. Entonces, ¿por qué lo hacemos si es tan peligroso?

La duración de la demora depende en gran medida de cómo calculamos el riesgo.

Sabemos que hay algo que anda muy mal, pero no sabemos qué hacer al respecto. ¿Cómo decidimos? Lo primero que hay que entender es que nada es normal cuando estamos en una crisis. Pensamos y percibimos de una manera diferente. Nos convertimos en superhéroes con discapacidades de aprendizaje.

Muchas personas, si no la mayoría, tienden a bloquearse por completo en un desastre, todo lo contrario al pánico. Se debilitan y parecen perder todo el conocimiento de la existencia[3]. No responden en un modo de supervivencia saludable. Préstale atención a esta descripción:

> Cuando se trata de riesgos tradicionales como los del clima, a menudo nos sobreestimamos. De las cincuenta y dos personas que murieron durante el huracán Floyd en 1999, por ejemplo, el setenta por ciento se ahogó. Y casi todos se ahogaron en sus autos, que quedaron atrapados en las aguas de las inundaciones. Este es un problema recurrente en los huracanes. Las personas se confían demasiado en cuanto a conducir a través del agua, a pesar de que las bombardean con advertencias para no hacerlo. (Esta tendencia varía, por supuesto, dependiendo del individuo. Un estudio realizado en la universidad de Pittsburgh reveló que los hombres tienen muchas más probabilidades de tratar de conducir a través de aguas crecidas que las mujeres y, por lo tanto, es más probable que mueran en el proceso [...]).
>
> Incluso en tiempos de calma, tendemos hacia la arrogancia. Alrededor del noventa por ciento de los conductores piensan que están más seguros que el conductor promedio. La mayoría de las personas también piensan que son menos propensas que otras a divorciarse, a tener una enfermedad cardíaca o a ser despedidas. Y tres de cada cuatro *baby boomers* [nacidos en la explosión de natalidad después de la Segunda Guerra Mundial] creen que se ven más jóvenes que sus compañeros [...].

Los analistas de riesgo les llaman a esto juicios emocionales [...] o [...] «débiles susurros de la emoción»[4].

La resiliencia es una preciada capacidad. Las personas que la poseen también tienden a tener tres ventajas subyacentes: la creencia de que pueden influir en los eventos de la vida; la tendencia a encontrar un propósito significativo en los caos de la vida; y la convicción de que pueden aprender tanto de las experiencias positivas como de las negativas. Estas creencias actúan como una especie de parachoques, amortiguando el golpe de cualquier desastre. Parecen lidiar mejor con los peligros y, como resultado, tienen un mejor desempeño[5].

Si, por cualquier motivo, estás asustado por algo en particular que no está en tu lista de riesgos, prepárate para esto también. Cuanto más control sientas que tienes, menos temor sentirás día a día. Y cuanto más control sientas, mejor será tu rendimiento, en caso de que suceda lo peor.

Los expertos en desastres piensan en los desastres para dedicarse a esto, pero no se sienten impotentes. Hacen cosas para darles a sus cerebros atajos en el improbable caso de que los necesiten. Siempre buscan la salida más cercana cuando suben a los aviones, por ejemplo. Y leen las tarjetas informativas que la mayoría de las personas piensan que son inútiles. Hacen esto porque cada modelo de avión es diferente, y saben que quizá se retrasen funcionalmente en un accidente aéreo[6].

Para algunos que ven desarrollarse el evento delante de sus ojos hay una sensación de pánico y miedo. Esto les sucede incluso a quienes observan un evento inminente. La respuesta «¡Ay, no!» es normal cuando te das cuenta de que una seria tragedia está a punto de ocurrir y no hay nada que puedas hacer para impedirlo. He experimentado esto más de una vez. No es una experiencia placentera.

Hace años, conducía a casa a última hora de la tarde después de dar mis clases en la escuela de posgrado en la Universidad de Biola. Doblé por la calle Stage, que se extiende paralela a la vía férrea del tren

Amtrak, y después doblé otra vez para atravesar la línea. Debido a que un tren iba a pasar en menos de un minuto, habían bajado las barreras para impedir el paso de los autos.

Mientras permanecía esperando en la fila, varios conductores se impacientaron y comenzaron a conducir alrededor de la barrera y cruzar las vías. Por el rabillo del ojo vi que el tren de pasajeros se precipitaba por la vía cuando un Volkswagen escarabajo trataba de cruzar. En esa fracción de segundo supe lo que iba a pasar. Y con ese conocimiento, dejé escapar un grito angustiado de «¡Ay, no», ¡y lo cierto es que le grité al tren!

Entonces sucedió. El tren se estrelló contra el pequeño automóvil y arrastró el metal retorcido cientos de metros a lo largo de la vía. Saqué mi automóvil de la línea detenida del tráfico, me dirigí hasta un teléfono público y pedí ayuda. Mientras conducía a casa, mi mundo y mi cuerpo estaban en conmoción. Creo que oré y hablé en voz alta por todo el camino a casa.

Cuando llegué a casa vi a mi esposa, Joyce, y a nuestra hija junto al auto. Sheryl tenía su licencia de conducir y subía al asiento del conductor. Frené, salí del auto y les dije: «Sheryl *no* va a conducir a ningún lado hoy», después entré a la casa. Ambas se sorprendieron por mi arrebato y me siguieron dentro. Me encontraron en la sala familiar, paseando de un lado a otro. Comencé a contarles lo sucedido, expresando mi horror a través de las lágrimas. Llevó años que las imágenes del accidente perdieran su sentido de la realidad.

El día siguiente supe que la conductora era una joven estudiante de Biola y la hija de uno de los profesores. Por fortuna, sobrevivió, aunque tardó meses en recuperarse. Me tomó años dejar de estar demasiado vigilante cuando atravesaba esa línea dos veces al día.

En otra ocasión, acababa de entrar en mi habitación cuando escuché que sobrevolaba un helicóptero. El sonido no era el normal de un motor, así que corrí hacia fuera. Levanté la vista y vi que el helicóptero giraba y giraba mientras volaba, aparentemente fuera de control. Continuó girando en una dirección y luego en otra mientras el piloto luchaba por mantener el control. Más o menos a dos kilómetros de distancia, el helicóptero se precipitó. Durante este tiempo, decía: «¡Ay, no! ¡No puede ser!». Parte de mi preocupación se debía a su proximidad con la casa de un amigo.

Más tarde supe que la tragedia se evitó porque el helicóptero chocó con algunos cables que amortiguaron la caída. Los tres ocupantes escaparon con heridas leves. No obstante, yo todavía experimentaba ese estado de pánico.

La fase de impacto suele ser breve, y dura desde unas pocas horas hasta algunos días, dependiendo del evento y de la persona involucrada. Algunas fases de impacto se prolongan una y otra vez debido a la intensidad del acontecimiento y nuestras experiencias de vida.

Cuanto más grave sea la crisis o la pérdida, mayor será el impacto, la incapacidad y el embotamiento. Las lágrimas pueden ser una parte inmediata de esta fase o quizá aparezcan más tarde.

La respuesta más temprana a lo inesperado es el aturdimiento general que tiene lugar. El sistema de defensas del individuo entra a funcionar para ganar tiempo y ayudarlo a ajustarse a la naturaleza extrema del asunto estresante que pretende arrasar con su bienestar emocional. El embotamiento tiene un efecto secundario relacionado con la disminución del interés en las actividades usuales de la vida. La persona puede sentirse ajena o separada de quienes más ama. Los psicólogos se refieren al «aplanamiento afectivo» que caracteriza este síntoma. La postura facial es aplanada e inexpresiva. Los ojos pierden el brillo, y es como si se hubieran vuelto huecos o vacíos[7].

Durante esta fase, una de las preguntas que debes responder es: «¿Tengo que quedarme y afrontar el problema, o apartarme y huir del mismo?». A esto se le llama patrón de lucha o huida. Con incendios, tiroteos o huracanes, solemos correr.

Hace varios años, un anuncio publicitario decía: «Prefiero luchar que cambiar». No todos opinan lo mismo. Si en el pasado tu tendencia fue la de afrontar los problemas, es probable que afrontes esto sin rodeos. En cambio, si tu tendencia fue la de evitar o apartarte de los problemas, es probable que hagas lo mismo con este evento. Si el evento es grave en especial, es posible que tengas ganas de correr de todos modos, pues no puedes hacerle frente durante esta fase.

La mayor parte del tiempo correr no es la solución. Solo prolonga la situación. Y dado que hay muchas más fases de la crisis por venir antes de que se restablezca el equilibrio, ¿por qué persistir en esta fase? ¿Por qué prolongar el dolor? Si es posible, casi siempre la respuesta más saludable es afrontarlo y luchar para recuperar el control.

No esperes que tus pensamientos estén claros durante esa época. Te sentirás embotado y desorientado. Incluso, quizá creas que no puedes pensar ni sentir en absoluto. Alguien lo describió de esta manera: «Siento como si se apagara todo mi sistema». Debes estar atento a cómo conduces, ya que es probable que en este momento sufras un accidente o te pongan una multa.

Tu mente está impactada, al igual que tu cuerpo. Necesitarás bajar las expectativas de ti mismo. Algunos pueden dormir más, pero es posible que tú tengas dificultades para dormir bien, ya que tu cerebro todavía está activo, en especial el lado derecho de las imágenes y las emociones. Algunas pesadillas son repetitivas e intensas. Si esto es cierto en tu caso, justo antes de apagar la luz, siéntate al lado de la cama y escribe a mano la pesadilla hasta que llegues al final y, luego, escríbele un nuevo final positivo. Esto tiende a romper el patrón y el control de la pesadilla.

Es probable que vuelvas a reproducir el evento mentalmente una y otra vez en detalle, así como en escenas retrospectivas o imágenes intrusivas. Para algunos es como ver la repetición de una película mientras que otros ven imágenes fijas.

Tu habilidad para procesar información es limitada. Si un amigo o un miembro de la familia intentan darte cualquier información específica, no logras concentrarte. Tal vez preguntes: «¿Qué dijiste?», a pesar de que la persona te lo repitió por tercera vez. Lo que experimentaste afecta la forma en que piensas; disminuirán la claridad y la concentración. Puede que te olvides de lo que pensabas o hablabas. Aunque tal vez seas organizado y práctico, quizá esta habilidad desaparezca y tengas que esforzarte para terminar algo. Es posible que sientas que tu cerebro no funciona bien. No te desesperes cuando suceda eso. Es una respuesta normal; la mayoría de las personas la experimentan.

Es mejor si no tienes que tomar ninguna decisión importante en esa época, pero si tienes que hacerlo, pídele a un amigo competente que te ayude.

En el centro de la mayoría de los eventos existe una pérdida de alguna clase. Pérdidas que amenazan nuestra seguridad, nuestro sentido de estabilidad, nuestro bienestar. Puede que se afecte tu autoestima, y te sientas fuera de control. Mientras más repentina sea la pérdida, más fuera de control te sentirás. Aunque una pérdida gradual también es dolorosa, te puedes preparar para ella hasta cierto punto. No obstante, una muerte repentina e inesperada u otro evento imprevisto pueden afectar tu habilidad de activar los recursos emocionales que necesitas para lidiar con la pérdida.

Una de las pérdidas más difíciles con las que lidia una persona es la *amenaza* de una pérdida. Para algunos, es como si estuvieran esperando que suceda algo. La pérdida todavía no ha ocurrido, pero hay una posibilidad real de que suceda. Y pensamos lo peor.

Cualquier clase de pérdida tiene la capacidad de cambiar nuestra vida de una manera drástica y afecta la forma en que pensamos con respecto al futuro. Estos cambios pueden ser muy positivos y, a la larga, enriquecer nuestra vida. Sin embargo, durante los primeros meses no sentimos que eso sea posible. Si alguien te dice cuando sufres una pérdida que puedes aprender y crecer gracias a esta, puede que reacciones con disgusto, enojo o incredulidad. No estás listo para procesar pensamientos así. Solo puedes escuchar tales comentarios cuando la vida se vuelve más estable.

Durante esta fase, tu vida interior se centra en la experiencia en un esfuerzo por encontrar lo que perdiste. Es normal que busques algo que signifique mucho para ti. Tratas de aferrarte un poco más a tus apegos emocionales. Tratas de recuperar el sueño perdido, el ser querido o incluso, tu salud. Cuanto más signifique tu pérdida para ti, ¡más buscarás recuperarla!

Este comportamiento de búsqueda a menudo toma forma de reminiscencias. La cantidad de recuerdos es proporcional al valor de lo que perdiste. Es común (y saludable) que una persona que pierde a un ser querido por la muerte se vuelque en fotografías y otros artículos que le recuerden a la persona que murió.

Hay varias cosas que puedes hacer para superar esta fase. En realidad, estos pasos de acción te ayudarán a superar tu pérdida y dolor de una manera saludable. ¿Qué es lo que más necesitas hacer durante esta fase?

1. Acepta lo que sucedió. Pero no solo eso, acepta tus sentimientos y recuerdos.

Acuérdate también que tus emociones se han alterado. Al principio, puede que experimentes embotamiento. Quizá sientas que estás emocionalmente agotado o que la vida está siempre en cámara lenta. Te sientes perezoso. El enojo suele estar presente, si no al principio, más adelante. Puede que vayas de la tristeza hasta la depresión.

Es normal que expreses tantos sentimientos como puedas. Puede que al principio sea difícil expresar tus sentimientos por el aturdimiento que te embarga, pero cuando este se va, tus sentimientos pueden ser intensos. Esa intensidad puede aumentar y continuar hasta la siguiente fase. Puede que incluso te quedes exhausto emocionalmente.

2. Necesitas un ambiente seguro en el cual afligirte y adaptarte.

Evita a esas personas que tratan de hacer que reprimas tus sentimientos. Los sentimientos no deben sepultarse ni negarse en este punto. Los sentimientos de rechazo retrasan la solución del problema. Cuando se sepultan los sentimientos, estos no se van; solo se congelan. Resucitarán con el tiempo.

¿Sabes lo que le pasa al agua cuando se congela? El hielo se expande en realidad. El agua congelada en las tuberías tiene el poder de reventar esas tuberías de acero. Cuando cerramos una cabaña de verano en una montaña hasta que pase el invierno, es importante sacar toda el agua de las tuberías si queremos que funcionen bien a la siguiente primavera. La analogía es válida cuando hablamos de las emociones congeladas. Son capaces de expandirse y adquirir un poder mucho mayor que su naturaleza original, de modo que es importante que, durante este tiempo, se mantengan los canales abiertos para que los sentimientos fluyan cuando sea necesario.

Evita a esas personas que siempre están aconsejando y dicen cosas como: «Te lo dije» o «Los cristianos espirituales se recuperan de su dolor más pronto que otros». Busca a esas personas que son empáticas y saben cómo ministrarte durante una crisis. Las personas que más te pueden ayudar tienen estas cualidades:

- No se sorprenden con facilidad, sino que aceptan tus sentimientos.
- No se avergüenzan de tus lágrimas. Las alientan.
- No dan consejos indeseados.
- Son amables y afectuosas contigo, según tus necesidades.
- Te ayudan a recordar tus fortalezas cuando olvidas que las tienes.
- Confían en que podrás superar este tiempo difícil.
- Te tratan como un adulto que puede tomar sus propias decisiones.
- Puede que se enojen contigo, pero no atacan tu carácter.
- Entienden que el sufrimiento es normal, y entienden las etapas del mismo.
- No lo espiritualizan todo.
- Son sensibles al lugar donde estás espiritualmente y no tratan de obligarte a que te atiborres de teología y de las Escrituras[8].

Haga una lista de quienes se ajusten a estas características.

_____

_____

_____

_____

_____

_____

Cultive amistades con esas personas antes de que ocurra un evento que cambie tu vida. Sin embargo, recuerda que atraemos a esa clase de personas hacia nosotros a medida que demostramos que también *somos* esa clase de persona.

La gente habla para liberar sus sentimientos, ya que eso es lo que conoce mejor. Otros pueden vaciarse de sus emociones de manera física. No te compares con otros y digas que una forma de liberación es la única o la mejor. Algunos hablan de su dolor y pena; otros actúan. Es posible que tengas un amigo que pasa tiempo trabajando en su patio o haciendo algún otro tipo de actividad, pero que no habla de su pérdida. Todos pueden procesar su dolor a su manera. ¿Cómo lidias casi siempre con tu sufrimiento?

Para algunos, la actividad física rigurosa puede dar lugar a la sanidad. He escuchado muchas historias de procesamiento del dolor, pero esta se me quedó grabada. Se trata de un hombre que perdió a su padre en un trágico incendio. Vivía cerca de su padre, en una granja que estaba al lado. Una noche, la casa donde nació y se crio se quemó por completo con su padre dentro. Su respuesta ante esta tragedia sorprendió a otros familiares. Permaneció en silencio mientras todos lloraban y hablaban de la pérdida, luego pidió prestado un buldócer y procedió a arrasar las cenizas y los restos carbonizados de la casa.

La lluvia contuvo el fuego, y esa fue su expresión de enterrar a su padre. Trabajó durante horas, sin siquiera detenerse para comer o descansar. Cuando llegó la oscuridad, siguió trabajando, ignorando la petición de los familiares para que se detuviera durante la noche. En su lugar, continuó arrasando los restos de la casa de un lado a otro, una y otra vez.

Este hombre y su padre eran campesinos, y durante casi toda la vida trabajaron juntos en los campos. No hablaban mucho entre sí ni expresaban sus sentimientos. No obstante, tenían una estrecha relación no verbal.

Tal vez tú y yo nos aflijamos con lágrimas. Ese hombre se afligió con el buldócer prestado. Esa fue su expresión personal de las palabras y lágrimas. Lloró trabajando la tierra una y otra vez hasta que nada quedó visible. A su manera, le dio un entierro apropiado a su padre y a la casa. La tierra, que en cierto sentido era el cementerio de su padre, ahora estaba lista para cultivarse, y así se haría... por el hijo.

Si le preguntaras por qué hizo esto, no podría darte una respuesta. No siempre tenemos una respuesta. No sabía por qué expresó su dolor de esa manera, pero hizo algo con su dolor, y es probable que fuera lo mejor que pudo hacer. No siempre tenemos que saber el porqué.

Cuanto más te inmoviliza tu dolor, más dependiente e impotente te sientes. Hacer algo, cualquier cosa, ya sea que tenga sentido para otros o no, es un paso saludable. Te ayuda como paso inicial para sentir que tienes de nuevo un poco de control.

3. Ten en cuenta que la culpa puede convertirse en tu inoportuna compañera.

A veces, la culpa nos hace responder de diversas maneras que normalmente no responderíamos, desde la racionalización y el reproche hasta castigarte a ti mismo o intentar resarcir el daño. La culpa puede tratar de consumirte.

¿No es interesante cómo tendemos a buscar culpables y terminamos apuntando el dedo hacia nosotros mismos? La culpa propia suele ser poco realista y más severa que la culpa que les atribuimos a los demás. Nuestra imaginación toma el acontecimiento y magnifica nuestro sentido de responsabilidad. Nos decimos cosas como: «Si al menos...» o «Debí haber...». Algunos se sienten culpables de estar vivos. Ponles atención a algunas de las expresiones de los que se culpan a sí mismos:

- «Si al menos no le hubiera permitido comprar esa motocicleta. Si al menos lo hubiera obligado a usar el casco, ahora no estuviera paralítico. Debí haber estado en casa esa noche. Si al menos hubiera estado allí, el accidente no hubiera sucedido».

- «Me arrepiento una y mil veces de no haberle dicho a mamá que la amaba. Ahora no está aquí y ya no se lo puedo decir. Esa oportunidad la perdí para siempre. El accidente acabó con nosotros».

- «Si no hubiera pasado tanto tiempo en el trabajo, no me habría abandonado. Solo trataba de ser un buen proveedor, pero creo que lo eché a perder todo. Me doy contra la pared una y otra vez».

- «Debí haber notado su depresión. No creí lo que me decía, y ahora está muerto. Por su propia mano».

- «¿En qué nos equivocamos con esta hija? Creo que éramos demasiado jóvenes y demasiado ignorantes. Lo echamos todo a perder y ahora está en problemas por culpa nuestra».

Una y otra vez escuché expresiones de la culpa del sobreviviente después de la tragedia de Las Vegas; eran muy comunes los «Debí...» y «Si al menos...».

Resumamos lo que te sucede cuando estás en la fase de impacto, la que puede durar algunas horas o hasta algunos días. Durante ese tiempo querrás afrontar la situación y luchar, o querrás huir; es probable que pienses en una forma algo bloqueada y desorientada; necesitarás personas que acepten tus sentimientos.

Puede que fluctúes entre ser demasiado cauteloso a correr riesgos innecesarios. Te preguntas por qué respondes de esa manera, pero tal parece que te resulta imposible cambiar. Y podrías estar con los nervios de punta o alerta en exceso.

Recuerda, puede que tu visión del futuro o tus creencias sobre la vida se alteren. Uno de los peores cambios que ocurren es la desaparición de tu sentido de seguridad. Esta es una de las cosas en las que tendrás que trabajar porque puedes tardar meses y hasta años en rehacerlo.

Después de la fase de impacto pasarás a la *fase de retraimiento-confusión*. Esta durará días y hasta semanas, y te sentirás emocionalmente agotado. Estás exhausto. Recuerda, las fases se superponen, y tal vez te muevas entre dos fases diferentes. Eso también es normal.

Durante esta fase, es probable que la tendencia a negar tus sentimientos sea más fuerte que en cualquier otro momento. Una razón es que en ese tiempo puede que tus sentimientos se vuelvan horribles y muy potentes. Debido a que una emoción despierta otra, puede que sientas mucho enojo por lo ocurrido, lo cual, en algunos casos, provoca culpa por tener esos sentimientos. Entonces, sientes vergüenza. El dolor de estas diferentes respuestas aumenta tu deseo de reprimirlas. Si alguno de tus sentimientos sorprende a otras personas, quizá quieras reprimirlos aún más.

Debes esperar que tus sentimientos se salgan de control. Esta es una respuesta normal. En realidad, es probable que sientas una sensación de

- desconcierto: «Nunca antes me sentí así».

- peligro: «Tengo mucho miedo. Algo terrible va a pasar».

- confusión: «No puedo pensar con claridad. Parece que mi mente no está funcionando».

- estancamiento: «Estoy atascado. Nada de lo que hago parece dar resultado».

- desesperación: «Tengo que hacer algo, pero no sé qué hacer».

- apatía: «Nada me puede ayudar. ¡De qué sirve intentarlo!».

- impotencia: «No puedo abordarlo solo. Por favor, ayúdame».

- urgencia: «Necesito ayuda *ahora*».

- desasosiego: «Me siento muy desgraciado e infeliz».

He escuchado todo eso una y otra vez.

Durante la fase de retraimiento-confusión, tus patrones de pensamiento reflejarán una cierta cantidad de incertidumbre y ambigüedad. Lo cierto es que no estás seguro de qué pensar ni hacer.

Alternarás entre la negociación y el desapego. La negociación involucra una forma de pensar ilusoria: «Si al menos esto no hubiera pasado»; «Si al menos hubiera valorado lo que tenía»; «Tal vez haya una manera de recuperar lo que tenía»; «Dios mío, si al menos...».

Después, esta clase de pensamiento avanza al nivel de desapego. Necesitas desapegarte de cualquier cosa que perdieras, ya sea un empleo, un amigo o una casa. Un viudo no puede seguir casado con una esposa fallecida. Un estudiante ya no puede seguir estudiando en la escuela de donde lo expulsaron. Un trabajador ya no puede hacer un trabajo que perdió. Te distancias diciendo: «No era tan importante»; «Puedo funcionar mejor ahora que ya no está en mi vida»; «De todas formas, quería un nuevo empleo». Esto lo haces para aliviar el dolor de tu pérdida. Una forma de lograr esto es escribir una carta de despedida a ese algo o alguien que perdiste.

Tal vez te des cuenta de que fluctúas entre una tarea que tienes que hacer y la reflexión y el recuerdo de cómo eran las cosas antes. Puede que te sientas enojado por tener que renunciar a eso que perdiste, ya sea una persona, un objeto o una identidad. Todos tratamos de protegernos del vacío que deja una pérdida. En nuestro intento de recuperar lo que se fue, tendemos a distorsionar y glorificar el pasado. Esto lo hacemos para ayudarnos a hacerle frente al futuro. A medida que nos relacionamos con otros, incluso con personas nuevas, lo hacemos con la intención de tratar de llenar el vacío en nuestra vida.

Durante este tiempo necesitas de amigos y parientes cariñosos que te ayuden a organizar tu vida. Podrías necesitar ayuda para planificar tu día, concertar citas, mantener la casa o el trabajo en orden, etc. No seas duro contigo mismo a causa de esta aparente debilidad en tu vida. Es una transición normal a través de tu dolor, no es un defecto. Por ejemplo, el período de sufrimiento por la pérdida de una casa no es el momento de empezar a buscar una nueva pareja. Es un tiempo para ajustarse a la pérdida.

Hay una fuente adicional de dolor con la que tendrás que lidiar: las personas que dicen cosas que hieren en vez de consolar, y que prolongan tu dolor en vez de aliviarlo. Estas personas causan heridas secundarias. Te darán consejos malos e indeseados, así como pasajes de la Escritura mal aplicados.

No serás el primero que experimentará esto. ¿Te acuerdas de Job? Job tenía cuatro amigos bien intencionados, pero implacables, que vinieron para tratar de alegrarlo y hallarle un sentido a su sufrimiento. Dijeron que cualquier persona con suficiente sentido común para entrar y salir de la lluvia debía saber que Dios es justo. Dijeron que cualquiera que tuviera la edad suficiente para deletrear su propio nombre sabía que, dado que Dios era justo, Él hacía que a las personas malas les pasaran cosas malas y que a las personas buenas les sucedieran cosas buenas. Dijeron que en tal caso, no necesitaba un diploma de Harvard para darse cuenta de que, como le habían pasado cosas malas a Job, *ipso facto*, también debió haber hecho algo malo. Sin embargo, Job no lo había hecho, y lo dijo, y eso tampoco fue todo lo que dijo.

En Job 16:2, Job llama a estos hombres «consejeros [...] miserables» (NTV). En Job 13:4-5, se registra lo que dice Job: «Vosotros sois médicos inútiles. ¡Quién diera que guardarais completo silencio y se convirtiera esto en vuestra sabiduría!» (LBLA). Estos «amigos» eran un montón de charlatanes teológicos, en otras palabras, y lo más inteligente que pudieron haber hecho habría sido callarse. Sin embargo, estaban demasiado ocupados explicando las cosas como para escuchar[9].

Moralizar no es lo mismo que la sabiduría espiritual. Los que no saben qué decir violan lo que el libro de Proverbios nos instruye que hagamos y, en vez de esto, ofrecen clichés y mentiras. Considera la verdad de Proverbios:

> No hables tanto; continuamente te pones en ridículo. Sé inteligente; deja la habladuría (Proverbios 10:19, LBD).

> Hay quienes gustan de las palabras hirientes; pero las palabras del sabio alivian y sanan (Proverbios 12:18, LBD).

La lengua del sabio hace grato el conocimiento, pero la boca de los necios habla necedades (Proverbios 15:2, LBLA).

Muerte y vida están en poder de la lengua, y los que la aman comerán su fruto (Proverbios 18:21, LBLA).

Espera escuchar declaraciones que preferirías no enterarte. Es difícil responder a esas personas de la manera en que nos gustaría, debido a nuestro estado traumatizado. Tal vez aprendieran a no decir esas cosas si alguien se decidiera y les dijera: «Eso no es cierto y no ayuda. Si quieres ser útil, apreciaría si...». A veces justificamos a esas personas diciendo que tenían buenas intenciones, lo que es cuestionable. A menudo, solo reflejan su propia ansiedad, temor o el hecho de que no han tenido que lidiar con cosas así en la vida. Recuerda, ese consejo no viene de los expertos.

¡Esas personas que hablan contigo de esa manera tienen que evitarse o educarse! Durante esta fase, cuando el embotamiento ya no está presente, empezarás a sentir el dolor que produce escuchar tales comentarios.

Para resumir, en la fase de retraimiento-confusión (que dura varios días y hasta semanas), tu respuesta será emocional. Quizá sientas enojo, temor, culpa o incluso rabia. Tus procesos de pensamiento serán confusos. Pasarás de la negociación a esforzarte para separarte de la persona o la situación perdida.

Durante este tiempo de búsqueda confusa para salir de la dificultad, necesitas un poco de apoyo y ayuda orientada a las tareas. Necesitas que otros te ayuden a hacer algunos planes y realizar pequeñas tareas a fin de que logres sentirte funcional. No dudes en decirle a la gente que quieres hacer algo o que necesitas sentirte útil.

La tercera fase, llamada la *fase de ajuste*, tomará varias semanas. Si ocurre otro evento desfavorable, experimentarás un retroceso. Si sufres múltiples retrocesos o pérdidas, trabaja en uno a la vez o, de lo contrario, te abrumarás. No obstante, las respuestas emocionales que experimentas durante este tiempo se enfocan en la esperanza. Cierto, tal vez sientas una depresión que viene y va, pero comenzaste de nuevo a formar actitudes positivas. Puede que comiences a hablar sobre el futuro con esperanza y a tener muchas ganas de disfrutar un nuevo trabajo, mudarte a un nuevo lugar, reconstruir la casa destruida por un incendio, volver a casarte. Estás buscando algo nuevo para desarrollar un apego.

Tus sueños futuros o pasos de acción empiezan a cobrar un significado especial para ti. Estuviste en las profundidades del valle y lo atravesaste, y ahora empiezas a subir por la ladera de la montaña. Prepárate para las opiniones y los consejos de otros, y filtra lo que escuchas.

Tal vez otros no vean el valor de lo que haces ahora. Podrían cuestionar tus decisiones y acciones si no coinciden con lo que piensan que tienes que hacer. Algunas personas quizá piensen que cometes un trágico error al dar ese paso. ¿Son expertas esas personas?

No tomes ninguna decisión importante durante las épocas en que te sientas deprimido; espera hasta que sientas esperanza. Y no te desesperes porque tus sentimientos fluctúan. Tu perspectiva está regresando y tu objetividad te puede ayudar a procesar información y nuevas sugerencias.

Las Escrituras te pueden ayudar a tomar decisiones durante esta fase. Ahora eres más receptivo y capaz de lidiar con los consejos espirituales. Antes de este punto, los recursos de la oración y las Escrituras estaban allí para apoyarte y sostenerte. Ahora es el momento de buscar respuestas y dirección mediante la enseñanza y la lectura de la Palabra.

La última fase (que puede ser la más larga) es la *fase de reconstrucción-reconciliación*. Un elemento clave aquí son tus expresiones espontáneas de esperanza. Volvió tu sentido de confianza, y puedes hacer planes otra vez. Eres capaz de decidir, de manera consciente, *no* entrar en la autocompasión de nuevo.

Iniciativa, *progreso* y *reinserción* son palabras clave durante este período. Has asimilado los nuevos lugares de tu vida, las nuevas actividades, los nuevos empleos y las nuevas perspectivas espirituales. Si tus sentimientos de culpa y enojo crean dificultades durante esta crisis, ahora es el momento de reconciliarte con esas personas que tal vez ofendieras.

Una señal de la solución de la crisis es la novedad que empiezas a sentir con respecto a la vida y los nuevos descubrimientos que experimentas. Esta es una oportunidad de cobrar nuevas fuerzas, nuevas perspectivas sobre la vida, nuevos aprecios, nuevos valores, y una nueva forma de ver el modo en que vives. Verás la vida de una manera diferente. Es muy probable que no la des por sentada. Esto lo sé de primera mano.

Hace muchos años experimenté unos síntomas físicos muy extraños. Estos incluían vértigo, presión en la parte posterior de la cabeza y dolores de cabeza. Esos síntomas persistieron alrededor de siete semanas, durante las cuales los médicos tenían algunas teorías, pero nada concreto. Mis propios pensamientos y preocupaciones sobre esto se añadieron a los sentimientos que experimenté.

Por fin, después de hacerme algunos exámenes, incluyendo un TAC, los síntomas desaparecieron. Mientras tratábamos de descubrir lo que me sucedió, sentimos que los síntomas físicos se debieron a demasiados seminarios estresantes, sin tiempo para descansar entre ellos, junto con una gripe y algunos cambios de altura. Experimentaba un agotamiento.

El agotamiento físico es uno de los principales culpables de las enfermedades misteriosas. De ahí que esta experiencia, en especial a los cuarenta y siete años de edad, me hizo pensar, reevaluar y considerar algunos cambios en mi vida. Aprendí a llevar mi trabajo de una manera más equilibrada. Aprendí a jugar más y a evaluar lo que era importante y lo que no lo era. Empecé a decir que no. Lo que pasé me desagradó, pero gracias a esto crecí y sentí que fue una experiencia necesaria.

Estos tipos de experiencias pueden convertirse en el medio para alcanzar un crecimiento significativo. Siempre me ha impresionado William Pruitt y su respuesta a un problema físico que venció. De muchas maneras, su crisis lo acompañó por el resto de su vida. En su libro *Run from the Pale Pony*, Pruitt usa una analogía para describir lo que sucedió en su vida. He usado esta historia muchas veces. En el prefacio, escribe:

Hace unos treinta años, una de mis alegrías de niño era montar un caballo blanco llamado Prince. Ese semental orgulloso y enérgico me llevaba a donde quería ir, a donde fuera que le pidiera y al ritmo que eligiera. No tengo que explicarles a los jinetes la sensación de fortaleza, incluso de autoridad, que produce controlar a un animal tan poderoso. Tampoco necesito abundar en la emoción que sentía cuando galopaba a toda velocidad en mi caballo, o en el orgullo secreto que sentía cuando lo guiaba por los giros bruscos de un ejercicio de rodeo. Después de todo, era mío y lo entrenaba. Esas experiencias son parte de mi herencia.

Mi querido caballo blanco se fue y, prácticamente, nunca más lo recordé hasta luego de quince años. Entonces, encontré a un caballo diferente por completo. Cuando me di cuenta por primera vez del espectro, su forma era demasiado pequeña para discernirlo. Solo sé que nunca antes había visto algo así. También sé que no había buscado ninguna criatura como esa, pero había algo diferente conmigo a dondequiera que iba y esa sombra no desaparecía. No obstante, sin importar lo que hiciera, el espectro seguía cada uno de mis movimientos. Además, cuanto más intentaba perderlo, más clara era la forma de la criatura para mí.

Mi incomodidad se convirtió en ansiedad cuando me di cuenta de que la sombra indeseada tenía voluntad propia. Me estremecí de miedo cuando entendí que no tenía la intención de abandonarme. Sin advertencia alguna, un día empezó a comunicarse conmigo sin rodeos y, con una voz penetrante, casi rígida de lo hostil, me dijo: «Ya no puedes ir a donde quieras ni a la velocidad que escojas. Eso es cierto, porque te voy a dar debilidad en vez de fortaleza. ¿Emoción y orgullo? Nunca más los sentirás como antes. Lo único que tengo planeado para ti es confinamiento e incapacidad. Y yo seré tu compañero permanente. Mi nombre es Enfermedad Crónica».

En el momento en que lo escuché hablar, traté de evitar su mirada. Habló con rudeza con mi caballo blanco llamado Salud de las tragedias que se oponían a las alegrías, y la amarga ironía se reflejaba en la forma de una criatura maliciosa. Enfermedad Crónica tomó la forma de un poni atrofiado y deforme. Su manta desgreñada tenía un color pálido, manchada con la negra desesperación que había acumulado durante años. Sin embargo, no cabía duda de que la característica más aterradora de ese animal era su mirada abrumadora, su mirada fija que me dejaba sin fuerzas. Los ojos salvajes del poni miraban sin parar de un lado a otro, aunque no eran bienvenidos. Escribí este libro, en primer lugar, para todas esas personas que han estado frente a frente con el poni de la cara pálida[10].

El «poni pálido» puede venir de muchas formas: una enfermedad física o mental grave, un accidente, una guerra o una herida. Sin importar la forma que tome el poni, los resultados son casi siempre bastante similares. El poni pálido de William Pruitt era la esclerosis múltiple. Sentía que la enfermedad le afectaba la vida cada vez más, pero su historia es la historia de la esperanza. Se dio cuenta de que tenía varios años antes de estar completamente discapacitado, y al darse cuenta de que no podía realizar el tipo de trabajo en el que estaba, regresó a la universidad en una silla de ruedas. Obtuvo un doctorado en economía y comenzó a enseñar a nivel universitario.

El libro de Pruitt no se trata de darse por vencido; más bien, es acerca de luchar y ganar. Es un libro muy sincero, que habla del dolor, el sufrimiento y el tormento. No obstante, el énfasis está en la fe y la esperanza.

Puede que no seas capaz de hacer lo que hacías antes; tal vez tu vida no regrese a la forma que tuvo un día. Aun así, puedes buscar alternativas. Puedes buscar maneras diferentes de responder. Puedes aprender a decir: «Seré capaz de *descubrir* el plan B. ¡*Hay* un camino diferente para mi vida!».

Recuerda, además, ¡que esto es una oportunidad! Es un tiempo para el cambio y el crecimiento. Hay un factor, la actitud, que hace que una crisis grave se convierta en una experiencia que produce crecimiento, en vez de una tragedia eterna, limitante y mutiladora. Nuestro mundo es inestable; nos causa problemas. Somos inestables; nos causamos problemas. No obstante, si edificamos nuestra actitud en las enseñanzas de la Palabra de Dios, ¡esa será nuestra esperanza en medio de un mundo de tormentos! Isaías 33:6 afirma: «Él será la seguridad de tus tiempos».

Nuestra seguridad es el resultado de permitir que Jesucristo sea nuestra roca en todo momento.

CAPÍTULO 6

Trata bien a tu cerebro

E l partido está a punto de comenzar. Hay veintidós hombres robustos que se miran con fijeza unos a otros. Cada uno es un ejemplar físico. Los músculos parecen formar ondas por debajo de sus apretados uniformes. Todos los jugadores usan gruesas almohadillas para protegerse los músculos. Sin embargo, su pieza de ropa más importante no es la camisa ni el pantalón, es el casco. Miles de dólares se emplean en investigaciones para crear el casco más protector posible. Entonces, ¿qué tratan de proteger? Su cerebro. Durante muchos años, desde la preadolescencia hasta la adultez, los jugadores sufren golpes brutales en la cabeza. Esto puede resultar en síntomas tales como:

- Dolor de cabeza o una sensación de presión en la cabeza
- Pérdida temporal de la conciencia
- Confusión o sensación como el de una niebla
- Amnesia
- Mareo o «ver las estrellas»
- Zumbido en los oídos
- Náusea
- Vómito

- Habla poco clara
- Respuesta demorada a las preguntas
- Apariencia de aturdimiento

Estos síntomas indican que hay una conmoción cerebral. Muchos jugadores de fútbol experimentan múltiples conmociones violentas a través de los años, lo que puede provocar un daño cerebral que puede afectar otras partes del cuerpo. Se produce un caos en el cerebro. Los efectos casi siempre son temporales, pero pueden ser persistentes, e incluyen dolores de cabeza y problemas con la concentración, la memoria, el equilibrio y la coordinación. Por lo general, se deben a un golpe en la cabeza, aunque sacudir la cabeza y la parte superior del cuerpo con violencia también pueden ocasionarlos. Es posible sufrir una conmoción cerebral y no darse cuenta.

¿De qué otra manera podrías describir esta parte de tu cuerpo?

> Imagínate una guirnalda gigante de Navidad, tan grande como un centro comercial, compuesta de unos ochenta y cinco mil millones de bombillas, todas conectadas con cables que se entrecruzan. Cada cable toca miles de otros cables, lo que crea cien trillones de puntos de contacto. Ahora, reduce esta guirnalda al tamaño de un melón. Estás empezando a diseñar la obra más excelente de la naturaleza: tu cerebro[1].

Tu cerebro tiene la consistencia de la gelatina. El fluido cerebroespinal que está dentro del cráneo lo protege de las sacudidas y los golpes diarios. Un golpe violento en la cabeza y el cuello, o en la parte superior del cuerpo, puede provocar que tu cerebro se mueva hacia atrás y hacia delante con fuerza, contra las paredes de tu cráneo.

Sin embargo, el fútbol no es la única causa de conmociones cerebrales. Experimentar lo inesperado o lo impensable puede provocar una conmoción emocional y cognitiva. Se produce un caos en nuestro cerebro y ocasiona lo que conocemos como TEPT (trastorno por estrés postraumático). A veces es más fácil recuperarse del impacto físico que provoca una conmoción que del daño que crea un evento traumático.

Nuestros cerebros tienen dos partes diferentes. El lado izquierdo de nuestro cerebro habla un idioma, y el lado derecho habla otro. Este lado derecho es el de las emociones. Es intuitivo, visual y espacial. Este lado transmite la música de la experiencia. Almacena los recuerdos de los sentidos, tales como los sonidos, el toque y el olor. Está lleno de fotografías que se presentan como una película silente.

Nuestro lado izquierdo del cerebro es el charlatán. Controla todo lo que tiene que ver con el habla. Recuerda hechos, estadísticas y el vocabulario de los eventos. Está lleno de palabras y narración. Es el lugar de la lógica. Sin embargo, para que este lado pueda describir, contar una historia o hacer una narración autobiográfica, necesita pedirle ayuda al lado derecho y apelar a los recuerdos emocionales que se encuentran allí. Eso es lo que *debe* suceder. No obstante, hay un problema para quienes están traumatizados. El lado izquierdo y el lado derecho no se llevan muy bien. Ese evento inesperado interrumpió el crecimiento de la conexión entre ambos lados[2].

Las personas traumatizadas tienen alteraciones en su cerebro. Tu memoria pudiera afectarse, lo que a menudo crea lapsos y déficits en la destreza verbal y en la memoria a corto plazo. Las imágenes de escáner muestran con claridad que los traumas del pasado activan el hemisferio derecho del cerebro y desactivan el izquierdo[3]. El trauma es entremetido e invasivo. Nos interrumpe y nos descarrila. Puede restringir y limitar nuestra vida de manera significativa. A veces alternamos entre los dos lados del cerebro. Nos sentimos atrapados entre la amnesia y el recuerdo vívido del trauma; entre la inundación de sentimientos intensos y estados áridos en los que no sentimos nada; entre acciones irritables e impulsivas y una absoluta inhibición de actuar[4].

Pensemos en tu cerebro. En realidad, es la causa de muchos de nuestros malestares y de nuestro crecimiento.

El cerebro tiene una tremenda tendencia a habituarse, lo que significa hacer lo mismo una y otra vez, lo cual es maravilloso cuando no quieres tener que pensar en cómo te cepillas los dientes, pero no es tan bueno cuando necesitas pensar de manera creativa para lidiar con una situación en la que no has estado nunca antes. Por eso es que muy a menudo tendemos a seguir haciendo lo que ya hemos hecho, ya sea que obtengamos buenos resultados o no, y que seamos lentos para renunciar a algunos comportamientos. Recuerda esta palabra... *habituarse.*

Para empeorar el problema, parte de la habituación es la tendencia del cerebro a buscar patrones, a igualar la experiencia presente con el pasado: *Ah, esto es como lo que sucedió antes.*

Hay una razón adaptativa para esta habituación. El cerebro siempre está encendido y consume una parte excesiva de la energía del cuerpo.

Cuando el medio es estable, este piloto automático nos ayuda bastante. Sin embargo, durante el cambio, tenemos que luchar contra la tendencia de nuestro cerebro a mirar la situación y ver la misma cosa de siempre, cuando lo cierto es que mira algo nuevo[5]. En especial si se trata de algo malo o doloroso.

«El cerebro está programado para escanear en busca de lo malo, y cuando no puede evitar encontrar cosas negativas, las almacena de inmediato y las pone a disposición para recordarlas con rapidez»[6].

En realidad, el cerebro está programado para actuar en formas que nos protegen cuando estamos en situaciones peligrosas. El problema es que la alarma de nuestro cerebro siempre lo escanea todo en busca de peligro, incluso si no hay ninguno. Nos da una información inexacta. Suena incluso cuando no tiene que hacerlo.

Por otra parte, las experiencias positivas casi siempre se registran a través de sistemas de memoria estándares. Es más, tienen que estar en la parte consciente del cerebro de diez a veinte segundos para asimilarlas. En resumen, tu cerebro es como el velcro para las experiencias negativas y como el teflón para las positivas... esta tendencia que tenemos de fábrica hace que el mundo gire en torno a lo negativo e intensifique nuestro estrés y reactividad. En esencia, la alarma reacciona. Y cuando lo hace, ocupa el asiento del conductor y te lleva a dar una vuelta. Te guste o no, eres un pasajero. La sección de alarma tiene un botón que anula otras secciones de tu cerebro. Y es cierto que no puedes pensar cuando ella tiene el control.

Entonces, ¿qué puedes hacer con esas tendencias del cerebro que nos anulan? Podemos trabajar para tener acceso a otra porción de nuestro cerebro, la función ejecutiva. ¿Cómo? Considera el siguiente plan[7].

¿Alguna vez te han secuestrado? Es probable que tu respuesta sea: «No, por supuesto que no». Es probable que muchos de ustedes que leen este libro vieran la película *Capitán Phillips*, con Tom Hanks, donde unos piratas somalíes secuestran o se apoderan de su enorme barco. Esta es la clase de escenario que nos viene a la mente cuando se menciona la palabra secuestro. No obstante, regresemos a la pregunta: «¿Alguna vez te han secuestrado?». Es probable que una respuesta más exacta sea: «Sí, me han secuestrado». A muchos de nosotros nos han secuestrado, pero no nos dimos cuenta. Siempre que experimentamos lo inesperado, la posibilidad está allí. La sección de alarma de nuestro cerebro tiene esta responsabilidad.

Hay una porción de tu cerebro que siempre está en alerta para recibir lo peor. Es como un radar en constante búsqueda. Si hay la menor sospecha de un problema o dolor, o de algo impensable, el interruptor se activa y está lista para entrar en acción. A esta porción de tu cerebro se le llama sección de alarma o detector de humo. Su verdadero nombre es amígdala, ¿pero a quién le interesa cómo se llama?

Observemos otra vez tu cerebro. Ya hablamos de la porción de la alarma. En realidad, esta porción se activa tanto por experiencias positivas como negativas, pero registra más las negativas que las positivas. A esta sección se le ha denominado el botón de pánico del cerebro. Sería más fácil si tuviéramos un interruptor que se pudiera activar como las palancas en la línea del tren para enviar al cerebro en una dirección diferente por completo. También está la parte frontal de tu cerebro, que es la *corteza prefrontal*, o la parte ejecutiva. Esta se dedica a hacer evaluaciones. Te ayuda a observar lo que sucede y a tomar decisiones conscientes. Podría llamársele el supervisor.

Los *lóbulos frontales* son una de las partes del cerebro más importantes que debemos entender. Se localizan justo detrás de la frente y los ojos, y se trata de los lóbulos más grandes de tu cerebro.

Y adivina qué... son mucho más grandes que los lóbulos frontales de la mayoría de los animales. Los lóbulos frontales reciben información de todos los demás lóbulos. Reúnen la información y la agrupan para permitirnos responder ante el mundo de una manera lógica. Nuestros lóbulos frontales tienen *funciones ejecutivas*, lo que significa que están donde ocurre la supervisión de muchos de los procesos cerebrales. Si quieres un supervisor, este es el lugar para obtener uno.

La buena noticia es que los lóbulos frontales nos ayudan a anticipar los resultados de situaciones, a planificar acciones, iniciar respuestas, y usar la retroalimentación que el mundo ofrece para interrumpir o cambiar nuestros comportamientos. Es más, puedes renovar y cambiar estos lóbulos enfocándote en declaraciones positivas. La mala noticia es que aquí es donde se fragua la ansiedad y la preocupación.

Esta sección es, con frecuencia, una fuente de ansiedad, porque estos lóbulos anticipan e interpretan las situaciones, y la anticipación a menudo conduce a la ansiedad. Entonces, la anticipación puede llevar a otro proceso común que crea ansiedad: la preocupación. Debido a que nuestros lóbulos frontales están muy desarrollados, los seres humanos tienen la habilidad de prever los eventos futuros e imaginar sus consecuencias, a diferencia de nuestras mascotas, quienes pareciera que duermen tranquilas sin pensar en los problemas del mañana. La preocupación es un resultado de la anticipación de los resultados negativos en una situación[8].

Cuando miras hacia el futuro y te preguntas: «¿Qué tal si...?» y te respondes, eso se llama preocupación. Tenemos una inclinación natural hacia los pensamientos negativos. En especial, cuando hemos tenido experiencias dolorosas en la vida.

Los traumas se recuerdan con la parte prefrontal del cerebro. La función de tu neocórtex es recordar experiencias importantes a fin de aprender del pasado y tomar buenas decisiones en el futuro. Esta es una de las funciones importantes de esta parte de tu cerebro.

Si experimentas un trauma serio, tal como el tiroteo en Las Vegas o las inundaciones en Texas, tal vez recuerdes lo que sucedió antes y después del evento, pero no el evento en sí mismo, ya que tu cerebro dice: «¡No estoy seguro de que quiera recordar y experimentar esto!».

Cuando envías un recuerdo positivo o saludable a tu parte ejecutiva o prefrontal y se acepta, es más probable que busque este tipo de mensajes y que acepte mejor otros mensajes similares. Tal vez pienses: *Ah, esto es como lo que sucedió antes*, ya que esta es una experiencia que almacenaste.

Es importante que recuerdes esto. Para poder avanzar tendrás que apagar una sección de tu cerebro (la alarma y sus recuerdos dolorosos) y encender los lóbulos frontales del neocórtex[9].

Nuestros cerebros crean explicaciones y luego continúan acudiendo a las mismas en otras situaciones como una manera de mantenernos seguros. Buscamos la *seguridad*. Considera estas experiencias que plagan a muchos:

Abandono: «Voy a terminar solo».

Carencias: «Mis necesidades no se satisfarán».

Subyugación: «Siempre es a tu manera, no a la mía».

Desconfianza: «Me quieren atrapar».

Antipatía: «No soy agradable».

Exclusión: «Siempre me dejan fuera».

Vulnerabilidad: «Tengo la responsabilidad, pero no puedo controlar la situación, así que me siento abrumado y me preocupo en exceso».

Fracaso: «No soy lo bastante bueno».

Privilegio: «Soy especial, de modo que las reglas no se ajustan a mí».

Perfección: «Tengo que hacerlo todo a la perfección».

¡Nadie puede vivir así! ¿Te identificas con alguna de estas? Si es así, ¿recuerdas cómo se originó?

Somos criaturas emocionales. Dios nos creó así y de esa manera es que funcionamos. Y la parte más asombrosa y quizá menos comprendida de nosotros es nuestro cerebro. Podemos pensar: *Mis emociones no influyen mucho en mí. Soy un ser pensante y racional.* Eso quizá sea cierto, pero nuestro cerebro y nuestra mente se crearon de tal manera que ninguna información llega a la parte del pensamiento racional sin pasar por el área del cerebro donde se originan las emociones. Las emociones dan color a esa información y también determinan cuánta atención les prestamos, ya sea que lo reconozcamos de manera consciente o no.

Cuando nuestro lado emocional (el lado derecho del cerebro) se activa con intensidad, tendemos a cerrar el lado izquierdo que es el lado pensante o racional. Es como si las emociones se apoderaran de nosotros, pero insistimos en que nuestro pensamiento, a pesar de recibir la gran influencia de nuestras emociones, es preciso y lógico, cuando no es así en realidad. Alguien describió esto como si sus emociones hubieran secuestrado el lado racional de su cerebro. A pesar de todo el discernimiento y la comprensión que desarrollemos, se necesita nuestro lado izquierdo racional del cerebro a fin de sacar al lado derecho emocional de su propia realidad[10].

¿Alguna vez alguien te ha dicho: «Deja de responder con tus emociones. Solo piensa en esto, y responderás mejor y te calmarás»? ¿Esto da resultado? No, no lo da, y no lo dará.

El trauma impacta el cerebro cuando experimentamos un evento intenso e inesperado. Es como si provocara que el lado izquierdo (el lado pensante o cognitivo) y el lado derecho (el emocional) se desconectaran uno del otro. Por lo general, nuestro cuerpo, nuestras emociones y nuestros pensamientos están conectados, pero esta clase de eventos los separan.

¿Has escuchado acerca del *cambio cerebral*? Es probable que no. Ocurre muy a menudo, a veces a propósito y otras no. El escaneo cerebral se usa para ayudarnos a entender la forma en que funcionamos. El escaneo muestra que las imágenes de los traumas pasados activan, en forma de recuerdos repentinos, el lado derecho de nuestro cerebro (el lado emocional o de los sentimientos) y los pensamientos en el lado izquierdo o pensante. Cada lado del cerebro habla un idioma diferente.

Bajo circunstancias normales, los dos lados del cerebro funcionan juntos más o menos sin problemas, incluso en personas que podrían favorecer un lado más que otro. Sin embargo, cuando uno de los dos lados se cierra, aunque sea de manera temporal, o cuando un lado muere por completo (como sucede algunas veces con las operaciones cerebrales), la persona queda incapacitada.

Cuando estás traumatizado y algo te recuerda el pasado, tu cerebro derecho reacciona como si el evento traumático sucediera en ese momento, en el presente. No obstante, debido a que tu cerebro izquierdo no funciona muy bien, puede que no seas consciente de que vuelves a experimentar y a revivir el pasado; estás furioso, aterrorizado, encolerizado, avergonzado o paralizado. Después que pasa la tormenta emocional, puede que hasta busques algo o alguien a quien culpar por ella. Piensas que te comportaste de la forma en que lo hiciste por algo que *hizo* alguien. Cuando te enfrías, es probable que admitas tu error. Sin embargo, el trauma interfiere con esta clase de conciencia[11]. Ten esto en cuenta cuando eso pase. No hay nada malo contigo. Es el resultado de lo inesperado.

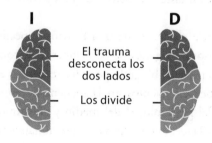

I   **D**

El trauma
desconecta los
dos lados

Los divide

Tu cerebro izquierdo y tu cerebro derecho tienen que trabajar en equipo; de otra manera, solo un lado estará a cargo. Esa no sería una situación muy buena. Tal vez tengamos pensamientos vívidos y gráficos sobre lo que sucedió, pero no emociones. Es como: «¿Adónde se fueron todos mis sentimientos?». O puede que experimentemos emociones intensas sin los pensamientos o los recuerdos reales. De cualquier forma, esto es perturbador. Como dijo un hombre: «Sentí que mi cerebro estaba atrofiado, y que una parte transmitía en AM y otra en FM. A veces hay huecos en mi memoria, como si le hubieran quitado una parte. Otras veces no puedo detener esos recuerdos intrusos e indeseados. ¡Quiero sacármelos de la cabeza! No puedo recordar lo que quiero recordar y no puedo olvidar lo que quiero borrar». Esta es la batalla de muchos[12]. Tratamos de lidiar con lo impensable.

¿Qué sucede cuando recordamos una amenaza? Lo vi de primera mano con las víctimas del tiroteo de Las Vegas. Vi sus cuerpos temblar y sus ojos vidriosos. Su sistema nervioso se activa demasiado por la amenaza pasada. Tal parece que el evento continúa fluyendo libre en el tiempo, en vez de tener raíces y estabilidad. Ese evento llega al presente sin que lo inviten y a la persona le parece como si sucediera en ese momento. Lo vi en sus expresiones faciales.

Dentro del cerebro hay dos áreas que se relacionan y que son muy importantes para el almacenamiento de recuerdos. La *sección de alarma* es una de ellas, y la otra porción se podría describir como el *biógrafo* de tu cerebro, ya que almacena y saca recuerdos conscientes acerca de lo que sucede en el momento, así como eventos del pasado y formas en que afrontaste el evento y lo que sucedió. También llamado el hipocampo[13].

La sección de alarma tiene una función específica. Procesa los recuerdos intensos y cargados de emociones tales como el terror y el horror. Por otra parte, el biógrafo pone los recuerdos en la perspectiva adecuada. Coloca los eventos en la secuencia temporal apropiada, tales como el del principio, el del medio y el último. Sin embargo, cuando se activa la sección de alarma, el funcionamiento y la actividad del biógrafo disminuye y el evento traumático del pasado continúa involucrando al presente[14]. Es como si esa parte del cerebro asumiera el control.

Casi todos los cambios, positivos o negativos, tienen un compañero: la incomodidad. Un autor dijo que cualquier cambio que no se busca representa una muerte de alguna clase y es doloroso.

Me gusta la frase *aguas inexploradas*. No muy lejos de donde vivo tenemos un río, y cada año se ahogan muchas personas. Entran al agua, pero no conocen dónde están las partes peligrosas o las rocas sumergidas. Se arriesgan porque no saben qué parte del río tiene turbulencias. No esperaban lo que se encontraron.

La vida está llena de aguas inexploradas. Algunas personas lidian bien con esto y otras no. Las que son flexibles, son conscientes de que se pueden encontrar con aguas inexploradas, y tienen la habilidad de adaptarse, no solo para sobrevivir, sino para recuperarse con el tiempo. No se resisten al cambio, sino que lo acogen y lo usan a su favor. Son capaces de evitar el atascamiento. Y están quienes sí se atascan, y los resultados de quedarse atascados son el enojo y la amargura, los cuales son contraproducentes. La resistencia al cambio nos destruye y tiene un efecto negativo en nuestro proceso de pensamiento[15].

Sin importar lo que esté pasando en este momento y lo que este cambio signifique para ti, siempre hay una sensación de pérdida de control. Cuando el cambio viene de afuera, no podemos controlar lo que sucede, y eso nos incomoda[16]. Y lo peor es que cuando sucede esto, hace que nos sintamos inseguros. ¿Ha sido esta tu experiencia? Es probable que sea así, porque el trauma destruye nuestra sensación de seguridad.

Los mensajes del medio se dirigen tanto a la porción de alarma como a otras partes de tu cerebro, pero *siempre llegan más rápido a la parte de alarma*. Por eso es que *tenemos que* ser muy hábiles para aprender a interpretar los mensajes. El truco es usar la parte lógica de tu cerebro a fin de convencer a la parte asustada de ti mismo de que no hay peligro, al menos ninguno que no puedas afrontar[17].

> Durante un desastre, hay una fase en la que retrasamos la acción porque no estamos seguros si tenemos que responder o qué es lo que se debe hacer. Buscamos en nuestro cerebro, que siempre está creando patrones, con el propósito de tratar de obtener más datos y tomar una decisión.
>
> Esa búsqueda ocasiona un retraso. De acuerdo a una encuesta del Instituto Nacional de Estándares y Tecnología, el tiempo promedio antes de que los sobrevivientes de las Torres Gemelas el 11 de septiembre se evacuaran fue de seis minutos, y algunas personas esperaron tanto como cuarenta y cinco minutos. En vez de salir, las personas llamaron primero a amigos y familiares. Incluso, muchos se tomaron el tiempo para apagar sus computadoras[18].

Necesitamos un casco emocional y cognitivo para proteger nuestro cerebro de los golpes y las conmociones. ¿Hay alguna parte en tu cerebro que te puede ayudar a tomar decisiones acerca de lo que es apropiado o inapropiado, bueno o malo, o de las consecuencias de tus acciones? Sí, la hay, y es importante acceder a la misma y usarla. Ya la mencionamos, y se llama corteza prefrontal, la sección ejecutiva. Esta filtra lo que puede ser bueno o malo. Sin embargo, aquí está el problema: no funciona tan bien como debería cuando experimentas lo inesperado o un trauma, en especial durante las primeras cuarenta y ocho horas. En ese momento no tiene el control, sino que la que lo tiene es la sección de alarma. Una diferencia entre la sección de alarma y la parte prefrontal es que tienen horarios diferentes.

Aquí es donde entra en escena el secuestro emocional. La porción de nuestro cerebro responsable del temor y el enojo es dominante[19]. Por lo tanto, necesitamos acceder a la sección prefrontal.

Nuestro cerebro genera emociones. Las necesitamos. Y nos crearon como seres emocionales. No estás limitado desde el punto de vista emocional, sino que te beneficias de tus emociones. Aun así, ten esto en cuenta: cuando tus emociones están libres en vez de presas, tendrás más recursos para lidiar con las situaciones difíciles que se presenten.

Quizá te limite algo que experimentaste en tu infancia como, por ejemplo, que alguien te dijera: «No llores» o «Trágate tus sentimientos». Tal vez te hicieran daño o te hirieran emocionalmente en la niñez y esto te limita. Tienes una elección: puedes vivir en el pasado como víctima, o puedes asumir un nuevo nivel de responsabilidad y tomas el control. A los que hacen esto se les llama *vencedores*. Los que no lo hacen, de algún modo están prisioneros en su propia cárcel.

Las emociones son parte de nuestra vida. Las necesitamos, pero de manera equilibrada. Alguien dijo que las emociones y el razonamiento trabajan como una sierra. Mientras más fuertes sean tus emociones, más difícil es pensar con claridad. Sin embargo, aquí es donde empieza a trabajar la sierra. También puede trabajar por el otro lado. Si logras pensar de manera adecuada, a veces este proceso es capaz de anular tus emociones.

¿Dónde se produce este razonamiento? ¿Dónde más podría ser? En la parte frontal de tu cerebro, los lóbulos frontales. Aquí es donde entra la restricción también. Las cosas que te dices son claves. Cuanto más claro pienses, más puedes controlar la emoción que prevalece tanto en estos eventos... el temor[20].

Tu cerebro es asombroso. ¿Sabes que el cerebro es capaz de reprogramarse? Puede expandir el área encargada de mover los dedos, creando nuevas conexiones que respaldan la destreza de un violinista consagrado. Puede activar conexiones que han estado inactivas por mucho tiempo y poner otras nuevas, como un electricista que ajusta el sistema eléctrico de una casa vieja para que cumpla con los códigos, de modo que las regiones que una vez vieron puedan, en cambio, sentir o escuchar. Puede calmar circuitos que una vez crujieron con la actividad aberrante que caracteriza la depresión y cortar conexiones patológicas que mantienen al cerebro en el estado de oh, Dios, algo anda mal, que caracteriza el trastorno obsesivo-compulsivo. El cerebro adulto, en resumen, retiene mucha de la plasticidad del cerebro en desarrollo, incluyendo el poder de reparar las regiones dañadas, de crear nuevas neuronas, de reubicar regiones que desempeñaban una tarea y hacer que asuman una nueva tarea, de cambiar el circuito que conecta las neuronas en las redes que nos permiten recordar, sentir, sufrir, pensar, imaginar y soñar[21].

A medida que envejezco, más trabajo en mi cerebro. No quiero que mi cerebro se estanque ni se deteriore. En la actualidad, hay muchos libros de juegos o ejercicios disponibles. Debido a que he tocado el piano durante la mayor parte de mi vida, todavía toco algunas piezas que me resultan fáciles. No tengo que pensar tanto ni trabajar en los números, por lo que tocar esas piezas no desafía en realidad ninguna vía en mi cerebro, ni crea nuevas. Por lo tanto, toco a propósito estilos nuevos tales como la música de Billy Joel, Louis Gottshock, Jerry Lee Lewis, entre otros. Tengo que admitir que algunas de esas piezas son desafiantes, pero también encantadoras. (Solo que no me puedo parar y mover las piernas como Jerry).

Sin embargo, considera lo siguiente. ¿Cuántos minutos de cada día de tu vida dirías que son negativos por completo, causándote un intenso dolor físico o emocional, o incomodidad debido a las nuevas experiencias que llegan? Esta pregunta no incluye todo el resultante sufrimiento emocional y físico que tienen lugar como resultado de fijar la mente en los pensamientos negativos o en la preocupación. Estamos hablando del porcentaje de tu día experiencial real que te golpea con encuentros decididamente negativos aquí y ahora. Para muchos, es casi siempre.

En realidad, la mayoría de nuestros momentos crónicos no emergen del aquí y ahora, sino de nuestras mentes pensantes que se preocupan por las malas cosas que nos sucedieron en el pasado, o que imaginan algo que provoca ansiedad debido a que podría suceder en el futuro. El momento presente es, sin duda, nuestro refugio dado por Dios de todos los sufrimientos que genera la mente[22]. (Quizá te resulte útil leer mi libro *A Better Way to Think*).

Ahora bien, ¿qué puedes hacer para llegar a la parte pensante de tu cerebro y dejar que tome el control?

Muchos van por la vida controlados por la sección de alarma de su cerebro. Y cuando digo controlados, eso es justo lo que quiero decir que sucede, aunque tal vez no seas consciente de esto. La porción de alarma o el centinela se localiza en la mitad de tu cerebro, lo que significa que obtiene información acerca de las amenazas con mucha rapidez e incluso, a veces, antes que la parte pensante de tu cerebro[23].

¿Cómo podemos cambiar al director ejecutivo de nuestro cerebro en vez de permitir que nuestra sección de alarma nos controle? Es posible... sigue leyendo.

Te tengo buenas noticias sobre tu cerebro. En primer lugar, tu cerebro puede seguir cultivándose, sin importar la edad que tengas. Es capaz de desarrollar nuevas vías positivas. Te puede ayudar a ver los problemas de la vida como desafíos y, de esa manera, calmar la sección de alarma de tu cerebro. No necesitas ser una víctima de esta sección de tu cerebro por el resto de tu vida. Recuerda que la sección de alarma reacciona demasiado rápido, básicamente debido a la posición que ocupa en tu cerebro. Se pone a funcionar incluso antes de que la parte pensante entre en acción[24].

La porción de tu cerebro a la que quieres tener acceso o que quieres que tenga «el control» es el director ejecutivo, o la corteza prefrontal.

Esta sección es bastante grande. Aquí es donde tienen lugar algunas de las principales responsabilidades, como pensar y resolver problemas. Es capaz de almacenar información, tanto de tu situación actual, *así como* de tu pasado. Procesa más información que tu sección de alarma y, por tanto, toma mejores decisiones y más informadas[25].

Permíteme hacerte la pregunta una vez más: ¿Cómo podemos cambiar al director ejecutivo de nuestro cerebro en vez de permitir que nuestra sección de alarma nos controle?

La corteza prefrontal te permite resolver problemas complejos, controlar tus impulsos, calmar emociones intensas, cambiar tu atención, y adaptarte a situaciones nuevas, inciertas o cambiantes. Esta parte de tu cerebro te puede ayudar a eliminar respuestas automáticas de enojo o temor ante situaciones de estrés, de modo que puedas responder con más eficiencia[26].

Estas son algunas sugerencias sobre cómo puedes hacer esto:

La primera es reducir la velocidad. Toma aire poco a poco y contén la respiración durante cuatro o cinco segundos. Esto lo puedes hacer dondequiera que estés, ya sea en tu casa o en el centro comercial. Hazlo muchas veces y te darás cuenta de que te sientes más relajado, y que también piensas y te mueves a un ritmo diferente. Cuando contienes el aliento, tu enfoque ya no está en la alarma, en el dolor ni en lo que sucedió. Tu respiración te ayuda a relajarte, y a concentrarte en la parte frontal de tu cerebro. Todo tu cuerpo empezará a relajarse. Tu sección de alarma tiene el propósito de protegerte. Sin embargo, cuando ocurre algo inesperado, reacciona de manera exagerada.

Mientras continúas inhalando y exhalando, comienza a repetir los siguientes versículos:

> Al de carácter firme lo guardarás en perfecta paz, porque en ti confía (Isaías 26:3).

> Renueven sus actitudes y pensamientos (Efesios 4:23, LBD).

> No se amolden al mundo actual, sino sean transformados mediante la renovación de su mente. Así podrán comprobar cuál es la voluntad de Dios, buena, agradable y perfecta (Romanos 12:2).

Por eso, dispónganse para actuar con inteligencia; tengan dominio propio; pongan su esperanza completamente en la gracia que se les dará cuando se revele Jesucristo (1 Pedro 1:13).

En realidad, tu mente se adapta a lo que sea que pienses.

Existen numerosos métodos de consejería que se utilizan para ayudar a superar los resultados por el impacto de lo inesperado. En sus orígenes, la técnica de movimiento ocular o EMT [por sus siglas en inglés] la utilizaban el terapeuta y su cliente en la oficina del consejero, pero ahora está disponible para que la persona la use sola. También se le llama desensibilización y reprocesamiento por movimientos oculares (EMDR [por sus siglas en inglés]). El procedimiento acomete un rápido movimiento de los ojos de un lado a otro o unos golpecitos con los dedos. Se usa para reducir el estrés emocional del pasado, así como los problemas actuales, y redirige el pensamiento y los recuerdos traumáticos a fin de que sean más positivos y racionales. Esto implica un mayor uso de la parte prefrontal del cerebro. Uno de los recursos que te brindará más información acerca de esto es *Do It Yourself Eye Movement Technique for Emotional Healing*, de Fred Freiberg (New Harbinger Publishers, 2001). Antes de intentar hacer esta técnica por tu cuenta, asegúrate de leer la página 2 del recurso recomendado.

Otro método de consejería muy eficaz es la Terapia del Campo Mental (TFT [por sus siglas en inglés]). Esta se puede emplear para tratar problemas que se identificaron antes con la EMT. Se aplica para una variedad de respuestas de estrés postraumático. Parece ser una forma rápida de reducir el estrés que tiene resultados duraderos. Este método utiliza una técnica de golpecitos suaves en ciertos puntos de tratamiento del cuerpo. No requiere una cantidad excesiva de tiempo. He visto el uso de esto en un entorno de clase así como en una situación de terapia, y los resultados fueron muy positivos. Este método se utiliza para lidiar con los recuerdos y también tiene un impacto en las emociones intensas, en especial el temor. Los golpecitos se realizan en partes del cuerpo donde se encuentran puntos de acupuntura. Roger Callahan realizó la mayor parte del trabajo en este campo, y su recurso es *Stop the Nightmares of Trauma*, de Roger J. Callahan y Joanne Callahan. Vale la pena revisar cada uno de estos métodos.

Escribir acerca de las experiencias dolorosas puede ser muy útil. Escribir puede contribuir a fortalecer tu sistema inmunológico y mantener tu cuerpo saludable. Escribir, como cualquier otra forma de expresión, puede ser una actividad sanadora. Escribir acerca de experiencias traumáticas y de los aspectos traumáticos de tus relaciones te ayuda a verlos con más claridad, y te da la sensación de que tienes dominio sobre tus experiencias. Cuando escribes algo en un papel, tal vez establezcas conexiones de las que antes no eras consciente y puedes entrar en contacto con sentimientos que nunca antes experimentaste[27]. Descubrirás el cambio que haces hacia la porción prefrontal.

Casi todos los que sufren una experiencia traumática tienen desencadenantes que reviven el trauma.

Muchos experimentan lo que llamamos sobreexcitación. Cuando trabajé con víctimas del tiroteo de Las Vegas, escuchaba una y otra vez cómo los desencadenantes formaban parte de sus vidas, ya fueran imágenes, sonidos, multitudes, compras, sonidos, noticieros, etc. La autora de *Trust After Trauma* describe lo que puedes estar experimentando:

> Incluso las cosas sencillas, como hacer cola en una tienda o elegir una película, pueden ser problemáticas. La vida es más difícil para ti que para alguien que no está traumatizado debido a todos los factores desencadenantes de tu entorno y dentro de ti. Tal vez te sientas triste o enojado porque tengas que esforzarte más que la mayoría de las personas para pasar el día y tienes derecho de sentirte así.
>
> Hay muchas técnicas que te pueden ayudar a tener y ejercer cierto control sobre tus reacciones desencadenantes[28].

El siguiente ejercicio puede ser útil. En tu diario o en un pedazo de papel, escribe lo siguiente:

1. Desencadenantes que piensas que podrían ser los más fáciles de soportar.

2. Desencadenantes que piensas que podrías controlar después de algunos meses en el proceso de sanidad.

3. Desencadenantes que piensas que podrías ser capaz de afrontar después de algunos años (quizá).

4. Desencadenantes que planeas evadir por el resto de tu vida.

Luego, ponle a otra página el título «Cuadro de desencadenantes» y dibuja unas líneas para hacer cuatro columnas. Denomínalas, de izquierda a derecha: «Más fáciles de controlar», «Quizá controlables dentro de un año» «Tal vez controlables en un futuro distante» e «Imposibles de controlar».

Ahora, toma tu lista del primer ejercicio y coloca cada desencadenante en la categoría correspondiente. Todos estos pasos te conducirán a la parte frontal de tu cerebro.

Cuando te sientas listo para afrontar un desencadenante, selecciona uno de los que incluiste en la primera columna del «Cuadro de desencadenantes», una situación que crees que está dentro de las más fáciles de controlar. Empezar con un desencadenante más difícil, tales como los que se encuentran en la segunda o tercera columnas, puede conducir al fracaso porque no hay ninguna situación desencadenante, incluso una que clasificaras como bastante fácil de controlar, que sea fácil de veras. No obstante, tienes que empezar por alguna parte, de modo que es mejor que lo hagas por donde tienes más posibilidades de tener éxito.

Cuadro de desencadenantes			
Más fáciles de controlar	Quizá controlables dentro de un año	Tal vez controlables en un futuro distante	Imposibles de controlar

Una vez que termines este ejercicio, escribe lo que piensas que puedes hacer para controlar estos desencadenantes. Busca a dos personas de confianza para mostrarles esto y analicen cómo te pueden ayudar en este momento y de qué manera pueden orar por ti. Sé sincero al hablar de tu historia y tus sentimientos, y da tantos detalles como sea posible. Regresa al cuadro para ayudarte a avanzar.

Una última cosa acerca de tu cuerpo y de tu cerebro en especial.

Considera tu columna vertebral. La columna vertebral está compuesta de treinta y tres piezas óseas llamadas vértebras. Estos huesos se estabilizan mediante ligamentos y los separan veintitrés amortiguadores intervertebrales llamados discos. Tienes seis discos en el cuello, doce en el centro de tu espalda y cinco en la región lumbar. Este asombroso diseño te permite amortiguar los golpes duros que experimenta tu cuerpo cuando corres, saltas o solo cuando caminas por una habitación. Sin estos amortiguadores, tus huesos de la espalda se aplastarían poco a poco por la presión de los rituales más comunes como levantarse de la cama por la mañana, eso sin hablar de correr un maratón o saltar en una carrera de sacos en la fiesta por el «4 de julio».

Te diseñaron para moverte. Te crearon con cualidades físicas que te permiten amortiguar el impacto y la presión sin que te aplasten.

Tu cuerpo también tiene la capacidad de sanarse a sí mismo. Si te cortas la mano, la herida comenzará a sanar de manera automática. Este proceso de sanación está en constante movimiento en tu cuerpo. Es lo que te ayuda a recuperarte del desgaste diario. Las células nuevas sustituyen a las que mueren todos los días. Cada veinticuatro horas, tu cuerpo produce doscientos mil millones de nuevos glóbulos rojos. Te sientes renovado después de una buena noche de sueño o de un cambio de aire al final de un largo día en el trabajo, y te recuperas de un resfriado común o de una gripe porque tu cuerpo está asombrosamente diseñado para recuperarse.

Nos damos cuenta de la resistencia de nuestro cuerpo, en especial cuando sufrimos una herida. No obstante, casi nunca somos conscientes de la asombrosa capacidad para la reparación que yace bajo nuestra piel. ¿Alguna vez deseaste que tu mente estuviera creada para ser tan resistente como tu cuerpo? ¿Acaso no sería fabuloso si pudiéramos recuperarnos de las presiones y los fracasos aplastantes de la vida, y recuperarnos de la forma en que lo hacen los discos que tenemos entre nuestras vértebras? Cuando mueren las visiones en nuestra vida, ¿no sería reconfortante que pudiéramos renovarlas de la misma manera en que las células nuevas sustituyen a las que mueren?

El hecho es que no solo te crearon para recuperarte de manera física, sino también de manera mental, emocional y espiritual.

Piensa en tu cerebro por un minuto. Tienes unos cien mil millones de células nerviosas llamadas neuronas en tu cerebro. Estas neuronas explotan con descargas eléctricas trescientos mil millones de veces por segundo. ¡Y te preguntas por qué tienes fatiga mental después de un largo día en la oficina! Estas descargas eléctricas son, en sí, las que hacen posibles nuestros pensamientos y palabras. Los neurólogos han descubierto que esos impulsos eléctricos forman ramas en nuestros cerebros. Han descubierto que los pensamientos saludables producen árboles buenos y que los pensamientos no saludables producen árboles malos. Se podría decir que estos árboles neuronales son recuerdos a largo plazo.

Tu cerebro lo diseñó un Dios de amor, gozo y paz[29].

CAPÍTULO 7

El terrorismo

Terrorismo... es algo que debemos abordar, ya que es parte de nuestras vidas. Escuchamos acerca de esto y usamos el término, ¿pero entendemos lo que es? Tú y yo vivimos con este problema, y no es fácil que desaparezca. Mientras escribo esto, pasé el último mes ayudando a las víctimas de uno de los peores ataques que hemos experimentado, uno que llevó a cabo un terrorista que parece que fuera un «lobo solitario». Escuché las historias hasta que ya no pude más.

Estas son algunas de las respuestas de las personas a quienes aterrorizaron:

- «En realidad, tuve que cubrir a mi esposa con mi cuerpo en medio del caos a fin de protegerla del terrorista. Las personas caían a nuestro alrededor y algunas nunca se pusieron a salvo».

- «Escuché los disparos, que pensé que eran fuegos artificiales. En cambio, no lo eran. Era una bala tras otra. Los rebotes de las balas nos golpeaban. No sabía de dónde venían los tiros. Quería que mis amigos estuvieran seguros».

- «Era una zona de guerra. Estuve en Irak, y esto fue igual o peor. Las balas se hacían pedazos. Todavía veo esas cosas, escucho los sonidos y veo las imágenes... y han pasado meses».

- «Mi hija estaba en el piso, y yo estaba de pie a su lado. Me miró y me extendió el brazo, cerró sus ojos y se fue».

- «Llamamos a nuestros hijos para decirles que los amábamos. Ellos podían escuchar los disparos. No estábamos seguros si los veríamos otra vez».

- «A mi esposo le dispararon en el brazo y en la cabeza. Murió, pero durante horas no supimos dónde estaba su cuerpo».

Historia tras historia. Murieron cincuenta y nueve personas y hubo quinientos veintisiete heridos. Varios cientos fueron al Festival de la Cosecha de la Ruta 91 desde el área donde vivo, y me senté con muchos de los sobrevivientes durante semanas.

Las palabras que escuchaba eran: «¡Nunca he estado tan asustado! No sé si alguna vez me sentiré seguro de nuevo». Vi sus cuerpos sacudirse y temblar, y escuché a muchas personas describir cómo se sentían.

No estuve allí en el tiroteo, pero de muchas maneras me siento como si lo hubiera estado. Lo viví mientras estaba sentado con las víctimas, muchas de las cuales estuvieron presentes durante el ataque. Otras tenían seres queridos que huyeron para salvarse, y tropezaron con cadáveres o personas moribundas. Todavía puedo ver los ojos de la enfermera que me dijo que era la peor zona de guerra que jamás hubiera visto, o de la joven novia que me señaló las dos heridas que recibió. Escuché a una persona tras otra tratando de describir el horror experimentado. Mi corazón se quebrantó con la pareja que no pudo continuar con la entrevista porque era demasiado dolorosa. Perdieron a su hija adulta. Los puedo entender porque perdí a mis dos hijos, y a veces el dolor de otros activa el mío de nuevo, incluso después de todos estos años. Mientras escucho las historias, me doy cuenta de que a muchos les tomará años salir de su dolor, sentirse seguros otra vez y experimentar la alegría que les apagó este evento.

Luego, como si esto no fuera suficiente, otra matanza ocurrió un mes después cuando un hombre armado entró a un servicio religioso en la pequeña ciudad de Sutherland, Texas. Estaba enojado y decidió descargar su enojo ese domingo por la mañana sobre la congregación. Veintiséis personas murieron y veinte resultaron heridas cuando entró en la iglesia disparando ráfagas de balas al azar.

Solo piensa en los otros acontecimientos que tuvieron lugar durante el otoño de 2017. Estos son solo la punta del iceberg. (Quién sabe cuántos más habrán sucedido para cuando se publique este libro).

Entonces, ¿qué es el terrorismo? Pregúntale a cualquier persona en la calle y recibirás una gran variedad de respuestas. No es una ideología, como el comunismo o el capitalismo. En la mente del terrorista hay una meta específica, y piensa que el terrorismo es la forma de alcanzarla.

El terrorismo es, por naturaleza, un juego mental. Los terroristas son conscientes de la experiencia de terror que tratan de crear. Es una de las mejores formas de perturbar a las personas[1]. Usan el temor para robarnos nuestro sentido de seguridad.

Una de las profesiones más antiguas del mundo es el combate contra el terrorismo. Incluso, antes del primer siglo los gobiernos han combatido con éxito el terrorismo.

Por cada intervención exitosa para lidiar con este problema ha habido también un gran número de terroristas que tuvieron éxito en la realización de su ataque. Tratar de lidiar con lobos solitarios o individuos terroristas y controlar el problema resulta ser abrumador, ya que pueden hacer su trabajo en cualquier lugar y en cualquier momento. Es imposible proteger cada objetivo todo el tiempo[2].

¿Qué es esto? El terrorismo es una serie de fenómenos en extremo complejos, que abarca una diversidad de grupos con diferentes orígenes y causas. Veamos esto en detalle, puesto que su presencia está aquí y se va a intensificar.

Entonces, identificar las causas del terrorismo es una tarea compleja por varias razones. Los muchos intentos fallidos para encontrar una definición común de terrorismo se han frustrado por el hecho de que el nombre *terrorismo* se usa para cubrir una amplia gama de respuestas y enfoques. Tanto los grupos rebeldes como los estados poderosos pueden usar métodos terroristas para intimidar a grupos determinados, pero la naturaleza del «terror de arriba» (cometido por el gobierno) y el «terror de abajo» (cometido por las personas) difieren de varias maneras fundamentales.

¿Estamos seguros en realidad? Tal vez no. El terrorismo ha estado en el mundo que nos rodea durante siglos. Sus raíces y prácticas provienen de los zelotes del primer siglo. Por último, llegó a nuestras costas. Por eso, ahora, nuestro país ya no es como lo conocíamos. Ha sufrido una invasión, no de un ejército extranjero ni de un enjambre de insectos alterados biológicamente, sino de algo mucho más mortal... el terrorismo.

Los terroristas usan a propósito la violencia para perturbar nuestras vidas, y no se necesitan muchos eventos para afectarnos, dominar nuestros pensamientos y acabar con nuestro sentido de seguridad. Ese es su principal objetivo... robarnos nuestro sentido de seguridad. Nos golpean donde menos sospechamos de su presencia. Plantan semillas de desconfianza y paranoia. Nos ponemos tensos cuando abordamos un avión o cuando entramos por la puerta del metro o de la iglesia.

Nos preguntamos cosas que nunca pensamos hace diez años. La frase *qué tal si...* inunda nuestra mente.

Hace poco hablé en una iglesia durante el servicio de adoración. Un señor vino y se me sentó al lado y me dijo: «Soy parte de la fuerza de seguridad de la iglesia. Hay otro hombre armado detrás de la cortina que está detrás de usted. Si fuera necesario, responderemos ante un pistolero». Tengo que admitir que mientras me dirigía a la plataforma y el púlpito, observé a la audiencia con mucha atención. Después supe que había ocho guardias de seguridad dispersos entre la congregación.

Cuando ataca un terrorista, y podemos esperar más, nuestras vidas se perturban, no solo por meses, sino por décadas.

Cada nuevo ciclo de terrorismo trae consigo remanentes del pasado. No hemos visto el último de los principales secuestros, bombardeos o tomas de rehenes del terrorismo. Ninguna otra forma de violencia se acerca al misterio y a la singularidad del terrorismo. El acto relativamente sencillo de secuestrar un avión, raptar a una persona o volar un edificio es capaz de desencadenar toda una serie de eventos globales que pueden durar meses, años o incluso décadas más allá de ese breve momento de violencia[3].

Ha habido y hay causas básicas para la actividad terrorista, y no van a cambiar. Quienes quieran una causa la encontrarán. Los grupos y los lobos solitarios terroristas aumentarán debido a que la tecnología se está refinando. Como dijo un especialista: «Podemos esperar otro ciclo de terrorismo en los próximos años. Varias tendencias apuntan a un futuro ambiente terrorista que será diferente a cualquiera que hayamos experimentado»[4].

Y no solo las víctimas y sus familiares son los que sufren el impacto; todos lo sufren. Eso quizá parezca una reacción exagerada, pero con los medios de comunicación masiva, su cobertura inmediata y prolongada, y con los vídeos que se publican en Facebook, nadie puede escapar del impacto. Y todo esto pone la presión en el gobierno de responder y «hacer algo» al respecto. También encontramos políticos que se aprovechan de estos eventos para su propio beneficio.

Los medios de comunicación masiva también le han dificultado más las cosas al presidente de nuestro país y lo que puede hacer. Lo lamentable es que los terroristas hacen uso de varios medios de comunicación para su beneficio. Debido a que nuestra atención está fija y nos hemos vuelto adictos a los programas de noticias y a las redes sociales, respondemos de modo emocional, y los correos electrónicos y los tuits ejercen presión en el liderazgo de nuestro país[5]. Las personas y los grupos quieren acción y que se escuchen sus voces.

Los terroristas son perpetradores de actos violentos. Algunos sienten que causar terror con un acto violento es un acto de guerra justificable contra un oponente opresor. Hacen esto para atraer la atención. En sus mentes, esta es una táctica legítima, pues desde su punto de vista, muchos piensan que luchan por la libertad, y no se consideran terroristas.

La violencia terrorista se puede usar para provocar incidentes que simbolizan la reprimenda o el castigo contra las víctimas por las injusticias que los terroristas piensan que han sufrido. Desde el punto de vista de los terroristas, los ataques notorios que victimizan a una audiencia son útiles como «llamadas de alerta» para que las víctimas entiendan las injusticias sutiles que ha sufrido el movimiento por el que, según dicen los terroristas, luchan. Los terroristas se sienten orgullosos de su ataque y quieren llamar la atención hacia sus explosiones.

A menudo, los objetivos son víctimas simbólicas. Representan alguna característica del enemigo y pueden ser objetivos materiales o humanos. Como sucede con la víctima, los objetivos humanos casi nunca simpatizan con los terroristas. Si están buscando comprensión, no la recibirán[6].

Son raros los eventos terroristas que tienen una táctica exitosa, pero representan la punta del iceberg en lo que respecta a los ataques planificados. La mayoría de los ataques que planean los terroristas fracasan por razones internas del complot o porque los detiene alguna intervención externa. Por ejemplo, en los últimos quince años desde los ataques del 11 de septiembre de 2001, ha habido alrededor de cien complots relacionados con los yihadistas para atacar objetivos clave en Estados Unidos, pero solo ocho de esos complots causaron la muerte de las víctimas previstas. ¿Eras consciente de esto? La mayoría de nosotros no. Hay muchos otros ataques individuales o grupales que no son de yihadistas.

Es posible que te dejen pasmado algunos de estos números. Una de las estadísticas más sorprendentes es que muchos de los ataques terroristas registrados *no* resultan en muertes. De los casi 156 772 ataques en la base de datos en el año 2015, solo el 51 % (79 411 ataques) resultaron en al menos una muerte. Para más del 49 % de los ataques, las fuentes de los medios de comunicación que usamos para determinar los casos fatales no reportó ninguna muerte[7].

Los diez ataques más mortales contra el territorio estadounidense: 1970-2018

Escala	Año	Lugar	Muertes
1	2001	New York City	2 763
2	2001	Arlington, Virginia	189
3	1995	Oklahoma City, Oklahoma	168
4	2017	Las Vegas, Nevada	59
5	2016	Orlando, Florida	49
6	2001	Shanksville, Pensilvania	44
7	2017	Sutherland Spring, Texas	26
8	2018	Parkland, Florida	17
9	2015	San Bernardino, California	16
10	1999	Littleton, Colorado	15[8]

Los investigadores han identificado más de doscientas definiciones de terrorismo, pero no han logrado ponerse de acuerdo en ninguna, y la idea de que el que es terrorista para unos es combatiente por la libertad para otros se ha convertido en un cliché[9].

Veamos los términos *terrorismo* y *terrorista*. La estrategia de un terrorista con frecuencia se usa cuando una persona o un grupo más débil luchan contra algo o alguien más poderoso. La violencia tiene el objetivo de crear temor en otros, y a menudo provoca una respuesta rápida y violenta como resultado. Es más, los actos de terrorismo seguidos de respuestas violentas se pueden convertir en un ciclo que es difícil de romper.

Recientemente, los grupos y facciones terroristas han comenzado a utilizar el internet y los medios de comunicación para crear temor e impacto en la opinión pública o para reclutar seguidores. Y no son solo grupos pequeños, sino que las naciones también usan tácticas de terrorismo en otros países para salvaguardar sus propios intereses nacionales.

¿Hay de veras alguna forma de saber lo que quieren los terroristas? No todos los terroristas están detrás de lo mismo. Con frecuencia justifican sus sangrientos actos basados en que consideran una injusticia, o su causa podría ser social o política. Cuando estudias la historia de este problema, te das cuenta de que muchas formas de terrorismo se inspiraron en la guerra entre las razas, los conflictos entre los ricos y los pobres, o los marginados políticos.

Muchos grupos terroristas se inspiran en su interpretación de la enseñanza religiosa o de los escritos proféticos. Estoy seguro de que has escuchado sobre Al Qaeda y el Estado Islámico. Estos son dos grupos relacionados que justifican sus acciones violentas como parte de su cruzada contra esos a quienes señalan como no creyentes.

El terrorismo llevado a cabo en nombre de la fe ha sido durante mucho tiempo una característica de los asuntos humanos. Durante la Edad Media, la iglesia cristiana occidental (o católica romana) lanzó al menos nueve invasiones al este islámico, la primera en 1095. Estas invasiones se denominaron *Cruzadas*, pues se llevaron a cabo en el nombre de la cruz. En esencia, el propósito de las Cruzadas era capturar las tierras santas de los musulmanes desunidos, a los que se referían de forma colectiva como sarracenos.

Los caballeros y soldados cristianos respondieron al llamado por muchas razones. La promesa de tierra, riquezas y gloria fueron algunas de las principales. Otra razón importante fue la promesa espiritual que hizo el papa Urbano II de que luchar y morir en nombre de la cruz los convertiría en mártires y, por tanto, les garantizaría un lugar en el cielo. Liberar a las tierras santas les ganaría la salvación eterna. Por tanto, «el caballero que con intención piadosa tomara la cruz ganaría una remisión de las penalidades temporales por todos sus pecados; si moría en batalla, ganaría la remisión de sus pecados»[10].

No todas las Cruzadas cristianas tuvieron lugar en tierras musulmanas. La iglesia occidental también limpió su territorio de judíos y creencias religiosas divergentes que denunciaron como herejías. Si hiciéramos un estudio detallado de las Cruzadas, llegaríamos a la conclusión de que el terrorismo era muy común durante esos siglos.

¿Qué me dices del terrorismo y de la fe religiosa?

Las historias de los pueblos, las civilizaciones, las naciones y los imperios están llenas de ejemplos de «verdaderos creyentes» extremistas que se involucraron en la violencia para promover su sistema particular de creencias. Algunos terroristas religiosos se inspiran en la motivación de la defensa propia; otros lo hacen para asegurar el predominio de su fe.

¿Existe alguna diferencia entre el terrorismo basado en la fe y el no basado en la fe? No. El que se basa en la fe tiene las mismas características que las otras formas de terrorismo. El terrorismo puede ser comunitario, genocida, nihilista o revolucionario. Lo pueden cometer lobos solitarios, grupos celulares, grandes movimientos disidentes o incluso gobiernos. Y dependiendo de la perspectiva de las personas, a menudo hay diferentes opiniones con respecto a si los perpetradores deben clasificarse como terroristas o defensores de la libertad religiosa.

Dentro del sistema de creencias judeocristiano, en la Biblia no solo hay referencias a asesinatos y conquistas, sino también a la destrucción completa de naciones enemigas en nombre de la fe. Tal vez recuerdes una de esas campañas descritas en el libro de Josué.

La historia de la conquista de Josué de Canaán es la historia de la culminación del regreso de los antiguos hebreos a Canaán. Para Josué y sus seguidores, esta era «la tierra prometida» del pacto entre Dios y su pueblo escogido. Esto se llevó a cabo para cumplir la voluntad de Dios y su plan. De acuerdo con las Escrituras, las ciudades cananeas quedaron destruidas y los hebreos las atacaron hasta que «no quedó nada que respirara»[11]. Dando por sentado que Josué y su ejército mataron a espada a todos los habitantes de las treinta y una ciudades mencionadas en la Biblia, y dando por sentado que cada ciudad tenía unas diez mil personas, su conquista costó trescientas diez mil vidas[12]. La conquista de esta tierra fue de acuerdo al propósito y la voluntad de Dios, lo cual es muy diferente a lo que sucede en la actualidad.

En Europa, los países que sufrieron campañas terroristas escribieron definiciones oficiales de terrorismo[13].

Los ataques terroristas tienen estas tres características en común:

1. Son violentos, o amenazan con violencia. Mientras más, mejor.

2. Están diseñados para coaccionar o intimidar a un grupo determinado de personas (es decir, ciudadanos o gobiernos, no combatientes).

3. Los motiva una ideología (política, religiosa, etc.).

Incluso con estos tres elementos, hay muchos ataques, como algunos tiroteos masivos, que caen dentro de una zona gris porque no encajan en la idea estereotipada de un ataque terrorista.

Por ejemplo, en julio de 2011, un hombre abrió fuego en un cine, matando a doce personas e hiriendo a otras setenta. Ese día quería matar a tantos como fuera posible y dijo que el homicidio era su forma de lidiar con su depresión. Pensaba que esa era una mejor opción que el suicidio. Si bien sus acciones fueron sin duda muy violentas y muchos terroristas han cometido tiroteos masivos, sus acciones no lo convierten en terrorista. Este ataque no lo motivó ningún tipo de ideología política o religiosa, y no trataba de forzar alguna acción por parte del gobierno o los ciudadanos; solo lo llevó a cabo *porque quiso hacerlo*.

Piensa en esta frase: «El que es terrorista para unos es combatiente por la libertad para otros».

Nuestro país lo fundaron muchos que hoy podrían considerarse terroristas. Los Hijos de la Libertad se organizaron durante la revolución estadounidense. Tal vez escucharas sobre ellos en tus clases de historia de Estados Unidos. Querían independizarse de los británicos. Usaron la violencia en las trece colonias para ganar su libertad. Su protesta se extendió al punto de aplicar técnicas de tortura y humillación a los simpatizantes de la Corona Británica. Había dos perspectivas con respecto a este grupo.

Desde el punto de vista de las colonias, luchaban por sus derechos y su libertad. Gran Bretaña lo veía de una manera diferente; veían a los revoltosos como terroristas. Los colonos usaban violencia y también amenazas de violencia. Trataban de influir y coaccionar a Gran Bretaña. Los colonos creían que sus motivaciones eran positivas.

Gran Bretaña pensaba de otra manera. Entonces, ¿eran terroristas o no? La perspectiva es importante aquí[14].

¿Qué me dices de los crímenes de odio? ¿Son actos terroristas? La respuesta es que no todos los actos de terrorismo son crímenes de odio, ni todos los crímenes de odio son actos de terrorismo.

Varios expertos en terrorismo nos dan esta definición: es el uso ilegítimo de la fuerza para lograr un objetivo político cuando se ataca a personas inocentes. Es una estrategia de violencia diseñada para promover los resultados deseados al inculcar miedo en el público en general.

El uso de la amenaza o la fuerza está diseñado para provocar algún tipo de cambio. Cuando observamos las características comunes del terrorismo vemos que:

- Se usa la fuerza de manera ilegal.

- Con frecuencia se emplean métodos no convencionales.

- Los motivos políticos podrían estar involucrados o podría ser un crimen de odio.

- Algunos serán ataques contra objetivos civiles o militares pasivos.

- Los actos tienen el claro propósito de afectar a una audiencia[15].

En términos generales, el terrorismo es el uso de la violencia con el objetivo de promover un objetivo político o ideológico a expensas de la población en general. El terrorismo puede adoptar muchas formas y tiene diversas causas, a menudo más de una.

Algunos eventos terroristas son actos únicos que se vinculan con un momento histórico en particular, tales como el asesinato del archiduque de Austria Franz Ferdinand en 1914, que desató la Primera Guerra Mundial. Otros ataques terroristas son parte de una campaña permanente que puede durar muchos años, o varias generaciones, como fue el caso en Irlanda del Norte de 1968 a 1998.

Cuando analizas la historia del terrorismo, es raro que haya una época en que no ocurriera.

Aunque los actos de terror y violencia se han cometido por siglos, es posible que las raíces modernas del terrorismo se encuentren en el Reino del Terror de la Revolución Francesa, en 1793-94. Asesinaron en la guillotina entre diecisiete mil a cuarenta mil personas.

Los tipos de actos y propósitos parecen que se expanden año tras año. Incluso, los grupos que defienden los derechos de los animales han comenzado a usar el terrorismo. Y ahora los miembros de algunos grupos, tales como el Estado Islámico, usan las redes sociales para promover su causa.

Mientras me senté con las víctimas del terrorismo en Colorado, al sur de California, y Las Vegas, observé y escuché los cambios producto del tiroteo. Vi mucho temor y ansiedad en las víctimas. La presencia de los efectos duraderos tiene que ver con la distancia a la que estuvo la persona de los ataques, si recibió alguna herida, o si la persona supo que mataron o hirieron a alguien. Quienes ven más noticias de los medios de comunicación también tienen un mayor riesgo de sufrir del síndrome de estrés postraumático y de los problemas relacionados con esto. Muchos de los que estuvieron en el tiroteo de Las Vegas miraron vídeos en Facebook y después se preguntaban por qué no podían dormir.

El terrorismo les roba el sentido de seguridad a las personas. Se lo escuché decir una y otra vez a las víctimas de todos los tiroteos y desastres en los que he aconsejado. Sentirnos a salvo nos brinda seguridad y comodidad, y cuando la seguridad es parte de nuestra vida, el temor disminuye y podemos ser productivos. El terrorismo nos arrebata nuestra necesidad de ver el mundo como un lugar previsible, ordenado y controlable. Diversas investigaciones revelan que la violencia deliberada crea efectos más duraderos en la salud mental que los desastres naturales o los accidentes. Sin embargo, para la mayoría, los síntomas de miedo, ansiedad, volver a sentir la experiencia, evasión e hiperactividad disminuirán poco a poco con el tiempo.

¿Qué hemos aprendido acerca de los efectos del terrorismo?

Vemos que desde el ataque del 11 de septiembre se realizan cada vez más investigaciones para descubrir cómo les afecta el terrorismo a las personas. Si bien la mayoría de los individuos se vuelven resistentes con el transcurso del tiempo, las personas que se exponen de modo más directo a los ataques terroristas tienen un riesgo mayor de desarrollar el síndrome de estrés postraumático[16]. Están traumatizadas. Las he visto y me he sentado a su lado. He experimentado su dolor.

El trauma sigue presente mucho tiempo después que el peligro ya no existe. Las víctimas reviven el evento como si todavía estuviera ocurriendo en el presente. Tal parece que el tiempo se detiene. Nunca están seguras de que el peligro se fuera en realidad. Esto puede continuar durante años.

Cuando golpea el trauma, ya no tienes un equilibrio en tu vida. O tienes episodios de amnesia, o estás siempre reviviendo el evento. Las emociones te embargan, o no experimentas ningún sentimiento. Eso es lo que crea un acto terrorista.

La mayoría de las personas recurren al terrorismo por tres razones fundamentales:

Una es la política. Las personas escogen el terrorismo cuando tratan de corregir algo que perciben que es un error social, político o histórico.

Otra es la religión. Hemos visto varios ataques que se llevaron a cabo en nombre de la religión.

Después tenemos las razones socioeconómicas. Existen numerosas formas de privaciones que pueden conducir a las personas al terrorismo, en particular la pobreza, o la falta de educación o libertad política. ¿Puedes pensar en algunos ejemplos?

Si observas cualquier grupo que la mayoría considera terrorista, te darás cuenta de que estos elementos son básicos en su historia.

¿Qué hace posible el terrorismo? ¿Cómo es un terrorista? ¿Quién tiene más probabilidades de convertirse en terrorista?

A algunos los motivan las circunstancias en las que viven, tales como la represión política o social, o las carencias económicas.

El terrorismo no es algo sencillo. Es un fenómeno complejo; es una clase específica de violencia política que cometen personas sin un ejército legítimo a su disposición. Hasta donde sabemos, no existe algo dentro de una persona ni en sus circunstancias que la conduzca a convertirse en terrorista. En cambio, nos damos cuenta de que nuestra naturaleza caída, el pecado y la maldad de este mundo juegan un papel importante en esto. Para el terrorista, algunas condiciones hacen que la violencia contra los civiles parezca una opción razonable e incluso necesaria[17]. Su forma de pensar es diferente a la nuestra.

> Las causas básicas del terrorismo permanecerán sin cambios en los próximos años. La búsqueda de territorio, poder, ideología, religión, venganza y avaricia personal continuará motivando a individuos, grupos y gobiernos a cometer actos terroristas. Algunos grupos terroristas también tratarán de aprovechar las condiciones de pobreza, frustración socioeconómica y enemistad política en varios países para ganar simpatía entre las masas.

> Dado que la tecnología seguirá avanzando junto con los diversos conflictos del mundo, podemos esperar otro ciclo de terrorismo en los próximos años. Varias tendencias apuntan a un futuro ambiente terrorista que será diferente a cualquiera que hayamos experimentado[18].

Hasta ahora, los terroristas han tendido a concentrarse en siete tipos básicos de tácticas: secuestros, raptos, atentados suicidas, asesinatos, asaltos armados, incidentes con rehenes como barricadas y contaminaciones. Los atentados suicidas son una de las favoritas.

¿Qué podemos esperar para el futuro? Habrá una proliferación de las armas de alta tecnología. ¡Solo piensa en los diversos sistemas de entrega como los drones!

También hay armas de destrucción masiva que incluyen las bombas nucleares, los agentes químicos y biológicos, solo por mencionar algunos.

¿Por qué los terroristas recurren al uso de estos? Solo porque lo que se usó antes no es suficiente para conseguir el fin que desean. Estos tendrán un impacto mayor y también incrementarán el número de víctimas. Tal vez estés pensando que te asusta esta posibilidad, o que nunca va a pasar aquí. Sin embargo, la posibilidad asusta y es real. Da miedo pensar en ella y sí, puede suceder aquí. Solo acuérdate de las Torres Gemelas el 11 de septiembre[19].

Ahora tenemos la frase «terrorista lobo solitario».

Los lobos solitarios pueden darse en cualquier esfera de la sociedad. También son imprevisibles. Usarán el internet cada vez más. Todo lo que se necesita es un ataque como el de Las Vegas o el de Sutherland Springs, Texas, para sumir a nuestra nación en el temor.

> Los lobos solitarios también han demostrado que pueden tener un profundo efecto en los gobiernos y en las sociedades. En los Estados Unidos, Timothy McVeigh cambió la forma en que muchos estadounidenses veían el terrorismo con un solo ataque en la ciudad de Oklahoma, haciendo que las personas se dieran cuenta de que los terroristas nacidos en Estados Unidos eran una amenaza tan seria como otros extremistas islámicos y de otras partes.
>
> La combinación del peligro, la innovación y el impacto que han caracterizado el terrorismo de los lobos solitarios en el pasado está destinada a continuar en el futuro. De la misma manera seguirán los esfuerzos de los gobiernos y las legislaciones para diseñar formas de combatir de manera eficaz esta amenaza. Si bien muchos ataques de lobos solitarios, como los iniciados por grupos terroristas, no serán tan significativos en términos del daño que causen o las reacciones que provoquen, de seguro que otros tendrán efectos graves[20].

Lo lamentable es que las formas de operar del lobo solitario casi siempre son las más creativas en términos de lo que hacen y cómo lo hacen. Es más, están introduciendo nuevas maneras para atacar, y otros grupos terroristas están aprendiendo de lo que hacen estos[21]. Trabajan solos, por lo que no tienen que obtener el consentimiento del grupo. Son libres para hacer lo que quieran.

¿Te acuerdas del impacto del asesinato del presidente Kennedy? La acción de una persona impactó al mundo entero. Perdimos nuestra inocencia debido a esta violencia política. Se desmoronó la imagen de lo que se construyó mientras Kennedy estaba en la presidencia. Y todo no terminó con el asesinato de Kennedy. Pocos años después recibimos otro golpe debido a las acciones de una persona que mató a Martin Luther King y Robert Kennedy. Nuestro país demostró ser tan vulnerable como cualquier otro[22].

> El mundo del terrorismo de los lobos solitarios continuará evolucionando en los próximos años. Somos incapaces de prever los nuevos asuntos que tendrán lugar y que inducirán a las personas al terrorismo. Podría ser el desarrollo económico y político, ciertos métodos de algunos gobiernos o solo un asunto local que enoje a un individuo en particular. No obstante, cualquiera que sea la causa, el lobo solitario tratará de permanecer anónimo y a la sombra hasta lanzar su ataque. Descubrir el mundo secreto del terrorista lobo solitario seguirá siendo uno de los principales desafíos en la batalla contra esta forma de terrorismo[23].

Parte del problema es la disponibilidad de la tecnología, sobre todo del internet. Solo piensa en esto: Una persona (un terrorista solitario) puede aprender todo lo que necesita saber acerca de las armas, cómo construir explosivos y los pasos para elaborar un arma biológica de fabricación casera. Pensemos en el internet y en las posibilidades que están disponibles.

Jeffrey Simon, autor del libro *Lone Wolf Terrorism*, describió el problema:

> El aspecto más importante de la ola tecnológica que contribuye a explicar la creciente prominencia del terrorismo del lobo solitario es el internet. Es más, el internet puede considerarse como el principal fenómeno que inició la ola.
>
> Para la primera década del siglo veintiuno, el internet era una parte integral de la vida diaria de muchas personas. Era posible

encontrar información de prácticamente cualquier tema y sentirse conectado con el mundo si tenías una computadora portátil o un teléfono inteligente. Para la persona interesada en perpetrar un ataque terrorista, toda la información, desde cómo construir una bomba casera hasta los mapas y los diagramas de los objetivos potenciales, estaba disponible en el internet. Asimismo, estaban disponibles las historias detalladas de los incidentes terroristas que ocurrían alrededor del mundo, y los lobos solitarios podían estudiarlos para determinar lo que podía serles útil. Además, el internet proveyó un mecanismo para que los lobos solitarios se enamoraran de las ideologías extremistas mientras leían los diferentes sitios web, blogs, páginas de Facebook y otros medios disponibles en línea. Los lobos solitarios también podían encontrar en el internet a otros individuos con su misma manera de pensar y obtener ayuda de una o dos personas para perpetrar un ataque.

El internet también les proporciona a los lobos solitarios un medio fácil de llevar a cabo la vigilancia de sus objetivos potenciales, incluyendo mapas detallados de aeropuertos y edificios, horarios de vuelos y trenes, e incluso imágenes computarizadas del interior de un avión específico, que detallaban el número de pasajeros que iba a estar en un vuelo y el lugar exacto de los asientos disponibles[24].

¿Cómo podemos explicar el aumento del terrorismo de los lobos solitarios? La tecnología necesaria para que los terroristas lleven a cabo sus ataques es cada vez más accesible. Cualquier cosa que un terrorista desee saber acerca de la tecnología que se puede usar en una actividad terrorista es posible encontrarla en el internet, ya sea cómo construir una bomba o la bala de mayor velocidad. El uso del internet es indispensable. Por ejemplo, dos de los recursos que se encuentran en el internet son *The Terrorist Handbook* [El manual del terrorista] y *How to Make a Bomb, Book 2* [Cómo hacer una bomba, libro 2].

Hay numerosos eventos que califican para la designación de «terrorismo del lobo solitario». Por lo general, involucra a uno o dos individuos. Casi siempre trabajan sin la ayuda de otro individuo, y pueden devastar a un grupo grande de personas y sembrar el temor, no solo en nuestro país, sino también en los que nos rodean.

¿Son todos los lobos solitarios iguales? Si no lo son, ¿cómo puedes diferenciarlos? Tal vez sea lo que los motiva o lo que los conduce a hacer lo que hacen, su propósito, lo que los hace diferentes. Un tipo es la persona que comete su acto por una causa política o separatista. Un ejemplo de esto es Timothy McVeigh, que voló el Edificio Federal en Oklahoma City en 1995 y mató a ciento sesenta y ocho personas.

Otro tipo es el lobo solitario que ataca en nombre de las religiones, ya sea el cristianismo, el islamismo o la supremacía blanca.

Un tercer tipo es el que comete un ataque debido a un asunto específico, ya sea el aborto, el medio o los derechos de los animales.

Al cuarto tipo lo motivan las recompensas financieras.

El quinto grupo lo conforman quienes se sienten motivados por su personalidad y sus problemas psicológicos[25].

Los diferentes tipos se superponen.

Esta amenaza ha surgido como una de las «fuerzas de violencia más desconcertantes, frustrantes y peligrosas de nuestros tiempos»[26].

Las grandes conspiraciones son más fáciles de identificar y descubrir. El individuo solitario es mucho más difícil de detectar.

> La diversidad en el terrorismo del lobo solitario también significa que, así como el terrorismo en general, nunca será posible «derrotarlo» por completo. Mientras haya individuos y grupos que crean que es posible justificar el terrorismo en nombre de alguna causa, siempre tendremos terrorismo[27].

Por ejemplo, Timothy McVeigh voló el Edificio Federal en Oklahoma City debido a que estaba enojado con el gobierno de los Estados Unidos por todas las muertes ocurridas en la sede de la secta davidiana. Su enojo fue lo que lo motivó.

No solo las muertes que ocurren a partir de estos eventos causan daños; hay un daño continuo para los miembros de las familias, los socorristas, los rescatistas y para toda la ciudad. Durante años he tenido una foto en mi escritorio de un bombero sacando a un niño de los escombros. Este rescatista nunca se recuperó de lo que vio y experimentó y, años después, se quitó la vida.

Este peligro seguirá creciendo en el futuro.

> Para las víctimas que sobreviven de los incidentes terroristas y los familiares de las personas asesinadas por terroristas, las cicatrices emocionales estarán presentes durante el resto de su vida. Las desgarradoras llamadas telefónicas que algunos de los pasajeros de los aviones víctimas del terrorismo hacen a sus seres queridos van a perseguir a esos familiares para siempre. El público también siente el impacto emocional del terrorismo, ya que cada nuevo incidente aumenta el temor de convertirse en la próxima víctima. Puede tomar mucho tiempo antes de que las personas se sientan seguras otra vez cuando suben a un avión. Y, en esta era de amplia cobertura noticiosa de los eventos terroristas, todos vivimos de forma indirecta el dolor y el sufrimiento de esas víctimas y sus familiares. Por tanto, no resulta sorprendente encontrar una expresión abrumadora de dolor y luto público cuando sucede una tragedia [...]

> La imagen de los centros militares y financieros de este país recibiendo el golpe de la fuerza devastadora del terrorismo, y la pérdida de tantas vidas inocentes, quedará grabada en la mente de todos los estadounidenses durante muchos años[28].

Postdata: Mientras releía este capítulo, reflexioné sobre la semana pasada, cuando un pistolero mató a diecisiete estudiantes en un instituto y una bomba estalló en un metro de Nueva York con víctimas, así como otros eventos. ¿Qué más ocurrirá?

CAPÍTULO 8

Cuéntame tu historia

Todos tenemos una historia de vida. Sin embargo, a menudo la interrumpe lo inesperado. Cuando esto sucede, nuestra historia es como una novela que pierde a uno de los personajes principales antes que termine la historia. A medida que se escriben y se desarrollan los capítulos siguientes, de alguna manera tenemos que darle sentido a la interrupción y crear nuevos capítulos. Esto puede involucrar algunos personajes nuevos, así como una revisión de la trama que le dé sentido a la historia.

Surge la pregunta: «¿Cómo podemos establecer la trama de la historia original después de tal interrupción?».

Quizá sea mejor hacerlo al contar y volver a contar la historia a esos que escuchan y se preocupan. Mis palabras favoritas cuando converso con las personas que aconsejo son: «Cuéntame tu historia». No lo digo una sola vez, sino muchas veces.

Las historias ponen en orden la confusión y le dan significado a lo que parece vacío. A menudo, dentro de la historia se plantean numerosas preguntas como: «¿Cuál fue la causa de esto?» o «¿Dónde está el significado en esto?».

Contar nuestras historias puede ayudarnos a encontrarnos a nosotros mismos y apoyarnos[1].

¿POR QUÉ DEBES CONTAR TU HISTORIA?

Para muchos, resulta tentador dejar las barreras en su lugar con respecto a lo que sucedió en su vida. Como sacos de arena en una inundación, mantienen las turbias aguas del dolor lejos de nuestros corazones. Entonces, ¿para qué alguien querría quitar los sacos de arena y permitir que fluya el agua? ¿Acaso eso no es muy arriesgado y quizá hasta tonto?

En primer lugar, contamos nuestras historias porque el evento no desaparecerá por sí solo. Las olas pueden retroceder como en las inundaciones, pero al igual que estas, dejan una estela de dolor y destrucción. Nos dejan sintiéndonos confundidos y quebrantados por dentro, y todo el dolor no desaparece en sí, incluso con buenos consejos e «información bíblica».

Uno de los sobrevivientes del tiroteo en el instituto Columbine les dio un sabio consejo a los sobrevivientes de Virginia Tech y Colorado Springs:

> En el caso de los que expresamos nuestros pensamientos con franqueza, lloramos y lidiamos con el dolor justo después del evento, no nos va tan mal. Todavía duele, todavía lloro a veces. Sin embargo, los que nunca lidiaron con el dolor son incapaces de afrontar hasta con las cosas más sencillas. Se dispara una alarma de incendio, se revienta un globo o pasa un auto de la policía, y se encuentran doblegados por la angustia, incapaces de moverse [...] Todos lidiamos con estas cosas de diferentes maneras [...] No importa cómo lo afrontemos, siempre y cuando lo hagamos[2].

Hay otra segunda razón importante para decir nuestra historia: Contar la historia inicia el proceso de sanidad. De cierto modo, contar tu historia «quitará el velo» de la negación, el misterio y el silencio que a menudo rodea al evento.

Contar la historia te ayuda a validar tu perspectiva y a ti mismo. Los sucesos recientes que experimentaste, las imágenes, los sonidos, los sentimientos, los olores, se asemejan al desorden caótico de un desguace. Cuando cuentas tu historia, puedes comenzar a organizar el revoltijo de sensaciones, hallando sentido dentro de toda la incoherencia de lo sucedido. También empiezas a romper la fascinación de la negación y liberas a tu corazón para que afronte la verdad, con toda su aguda belleza y dolor.

Hay un simple poder en narrar nuestras historias «con nuestras propias palabras».

Hay por lo menos tres niveles cuando contamos nuestra historia de traumas pasados. En primer lugar, está el nivel del corazón. Solo reconocemos ante nosotros mismos que cargamos un dolor debido a eventos del pasado.

Hemos desarrollado sofisticados mecanismos para mantener el dolor a raya, pero el dolor sigue colándose a través de nuestros muros defensivos. En este nivel, solo somos sinceros con respecto a este hecho.

En esta etapa existe la tentación de decir: «Tengo que mejorar. Tengo que seguir adelante. Debo salir de este trauma, así que voy a fingir o esperar que las cosas estén mejor». Un gran «debo» con respecto a la sanidad es que no debemos pedir ayuda.

En segundo lugar, una vez que dejamos de estar a la defensiva y escuchamos a nuestro corazón, podemos avanzar hacia el siguiente nivel a la hora de contar nuestra historia: Nos volvemos sinceros por completo con Dios.

Jesús no es la clase de Sumo Sacerdote que diría: «¡Recupérate! ¿Todavía no has lidiado con eso? ¿Por qué estás tardando tanto? A propósito, realmente no dolió tanto, ¿verdad?». No, cuando Jesús vio a las multitudes sufriendo, «tuvo compasión de ellas, porque estaban angustiadas y abatidas como ovejas que no tienen pastor» (Mateo 9:36, LBLA). En el largo camino para la recuperación de los eventos pasados, Jesús se une a nosotros como nuestro buen hermano mayor (Hebreos 2:11) y como nuestro misericordioso Sumo Sacerdote que puede «compadecerse de nuestras debilidades» (Hebreos 4:15).

En tercer lugar, a medida que empezamos a contarle nuestra historia a nuestro propio corazón y en la presencia de Dios, podemos avanzar hacia el último nivel de contar la historia: Buscamos personas de confianza que escuchen nuestra historia.

Contar tu historia te ayudará a encontrarle sentido a lo que sucedió, y también ayudará a tu cerebro para que sane. Es probable que lo que experimentaras esté atascado tanto en el lado derecho como en el lado izquierdo de tu cerebro. Cada lado responde de una manera diferente con una historia. Tu lado derecho es el lado fotográfico. Procesa información visual y espacial. Lo que encuentras aquí es información autobiográfica, información no verbal, imágenes de emociones intensas e información social. Por otra parte, tu lado izquierdo tiene que ver con el procesamiento lógico y basado en el lenguaje. Este es el lado que contiene las palabras. Intenta relacionar cómo el evento inesperado tiene sentido. A medida que cuentas la historia, los lados derecho e izquierdo del cerebro comienzan a trabajar juntos, a fin de que se involucren las partes reveladoras y reflexivas del mismo. Ahora, una noción del tiempo comienza a cobrar sentido. Leíste esto en el capítulo sobre el cerebro.

Diversos estudios nos dicen por qué es importante contar las historias. Sabemos que las historias

- son universales.

- se encuentran a lo largo de la vida humana, desempeñando un papel importante en las relaciones intergeneracionales.

- involucran secuencias lógicas de eventos, pero también representan un poderoso papel en la regulación de las emociones (de esta manera, las historias son buenos ejemplos de cómo se entrelazan el pensamiento emocional y el analítico).

- desempeñan un papel en la comunicación diaria, así como en el sentido interno de quiénes somos.

- desempeñan un papel esencial en los procesos de la memoria.

- se correlacionan con la función cerebral, especialmente porque el hemisferio izquierdo está orientado a tener un sentido lógico, mientras que el hemisferio derecho proporciona el contexto emocional y los datos autobiográficos necesarios para que una historia personal tenga sentido[3].

Si el evento inesperado impactó a una familia entera o un grupo, es importante que cada persona sea capaz de contar su historia.

El simple hecho de contar la historia, relatada en un entorno seguro, les da a las víctimas la sensación de que reciben ayuda en su dolor. No sanan solas. La narración permite que los pensamientos y sentimientos dolorosos y poderosos se exterioricen de una manera que reduzca con rapidez el poder y el dolor de lo sucedido. Un intercambio colectivo de la historia, con la participación de todos los involucrados en la crisis, valida la experiencia individual y sensibiliza a cada persona a la experiencia única de otros miembros[4].

Si tratas de lidiar con esto solo, podrías terminar atascado. Y cuando escuchas a otros hablar sobre la historia, te das cuenta de que no estás solo en tu experiencia. Al igual que tú, también están luchando[5].

La experiencia de lo inesperado siempre provocará una serie de síntomas dolorosos y angustiantes. Un poderoso elemento para iniciar el proceso de sanidad es invitar a todos los involucrados en la experiencia, víctimas directas e indirectas y cuidadores, a contar sus historias personales y colectivas.

Puede ser útil ayudar a otros a contar la historia y a narrar de una manera que, progresivamente, haga que más detalles de la experiencia salgan a la luz. Cuando recibes ayuda, esto anima a que la persona sienta, cada vez más, que la entienden y la escuchan, lo cual es muy importante, pues desarrolla y profundiza la comprensión.

Este proceso de narración se puede repetir muchas veces a medida que las víctimas buscan vías para integrar las experiencias que no tienen lugar en su mente y funcionamiento. Una persona lo explicó de esta manera: «Es como un cernedor de harina antiguo. A fin de que la harina tenga la consistencia adecuada, tienes que agitar el cernedor una y otra vez hasta que pase toda la harina». Al contar tu historia, haces posible que poco a poco una experiencia extraña tenga sentido.

Muchos sobrevivientes tienen una intensa necesidad de contar la historia de lo que les sucedió. Como dijimos antes, contar tu historia te valida, pues cuando le cuentas tu historia a otra persona, le dices al mundo: «Esta cosa horrible me sucedió. Pasó de verdad, y me ha afectado desde entonces». Es un mensaje que necesita una voz. Y todo lo que hace falta es que una persona escuche para ayudar a traer consuelo.

A menudo tememos que la narración distancie o perturbe emocionalmente a otros, o que otros nos juzguen con dureza por nuestras acciones durante el trauma o nos vean como seres humanos deficientes porque estuvimos atrapados en un trauma.

A veces, contarle la historia a alguien es imperativo. Ten esto en cuenta: Sobreviviste para contar la historia, y tal vez necesites contar la historia para sobrevivir. Contar tu historia te ayuda a organizar el caos de la experiencia y a conocerte a ti mismo. Y puede que necesites contar tu historia muchas veces con el objetivo de recordar los detalles y para hallarle sentido a lo que sucedió, así como para entender de qué manera las diferentes personas y eventos en tu trauma se relacionan unos con otros. He escuchado la misma historia de numerosos individuos diferentes, y los he visto cambiar y hacer la transición. Eso fue parte de la sanidad.

Al principio, contar tu historia puede convertirse en un detonante o volver a traumatizarte. No obstante, a largo plazo, contar tu historia puede ayudarte a desensibilizarte ante el trauma.

Si estuviste traumatizado, viviste un gran drama. Sin embargo, a menos que fueras muy afortunado, es probable que no encontraras un lugar para hablar sobre eso. ¿Quién era confiable? Tú, como sobreviviente de un trauma, necesitas un lugar para hablar la verdad de lo que te sucedió. Contar tu historia en las condiciones apropiadas te ayuda a eliminar cualquier vergüenza o culpa que puedas sentir y, en realidad, te devuelve el control a ti y a otros.

Algunos tienen la concepción equivocada de que «sacarlo todo» o «contar todos tus secretos» te curará.

Lo cierto es que hablar demasiado sobre tu trauma cuando todavía te sientes abrumado por los sentimientos asociados con el mismo podría causar una regresión y desarrollar incluso más síntomas de perturbación que los que ya tienes.

Por lo general, no es sabio contarle tu historia a alguien a quien acabas de conocer, o a quien no conoces muy bien, aunque te sientas muy impulsado a hacerlo.

Durante tu trauma, tenías muy poco o ningún control. No podías impedir nada. Sin embargo, cuando cuentas tu historia, puedes cambiar de tema siempre que sientas la necesidad de hacerlo. Entonces, el solo hecho de tener deseos de contar tu historia no significa que tengas que actuar de acuerdo a ese sentimiento.

Además, una vez que empiezas a contarla, puedes detenerte cuando quieras, en cualquier momento. Solo porque comienzas con la intención de contar toda la historia no significa que tengas que terminarla.

Haz un alto si te das cuenta de que estás enojado o que reaccionas de manera exagerada, o cualquier otra de las condiciones con las que tal vez has estado batallando. Si esto ocurre, puedes decir: «Quiero contarte la historia, pero me doy cuenta de que me enojo demasiado, por lo que voy a tener que detenerme por ahora. El hecho de que me detuviera contando la historia no tiene nada que ver contigo. Se debe a que siento que me estoy abrumando. Gracias por escucharme. Tal vez pueda terminar de contarte la historia en otro momento».

Incluso, le puedes preguntar a la persona que te escucha cómo se siente o cómo reacciona, o si desea escuchar más o prefiere que te detengas.

En el pasado, parte de tu enojo quizá se debiera al hecho de que no podías hablar acerca de tu experiencia. Tal vez te advirtieran que no podías contar nada, o a lo mejor no estabas seguro de que si hablabas podían castigarte o hacerte daño.

No obstante, también es importante no permitir que tus temores con respecto a lo que pueda suceder determinen tu decisión sobre contar tu historia. Recuerda, no tienes que contar toda tu historia. Puedes contarla de una manera general o referirte solo a los aspectos que sientes que son apropiados de acuerdo a la situación y que puedes revelar con seguridad.

El siguiente ejercicio quizá te ayude. Se diseñó para ayudarte a entender las consecuencias de contar tu historia. Tal vez te resulte útil usar un diario con un cierre, solo para que te sientas seguro.

Tu historia tiene muchas partes y muchos niveles. Contar tu historia no significa narrarles cada uno de sus aspectos a todas las personas. Puedes decidir con antelación qué partes de tu historia te sientes más cómodo al expresarlas y qué partes quieres guardarte para ti. Estas preguntas te pueden ayudar:

1. ¿Hay partes de tu historia que no quieres contárselas a nadie? ¿Cuáles son esas partes?

2. ¿Hay partes de tu historia que le contarías solo a un consejero o a un buen amigo o compañero, pero a nadie más?

3. ¿Le has contado a alguien tu historia en el pasado? Al recordar las veces en que contaste tu historia, ¿qué desearías haber hecho diferente?

4. Piensa en tres personas en tu vida hoy a quienes te gustaría contarles tu historia o a quienes te gustaría darles más detalles de la misma.

Antes de que empieces a escribir en tu diario, dedica unos minutos a pensar dónde y cuándo te gustaría contar tu historia.

1. ¿Cómo puedes determinar el tiempo, lugar y otros aspectos de la situación para contar tu historia de modo que puedas aumentar la probabilidad de que te escuchen de veras?

2. Una forma alternativa de contar tu historia es describir los eventos específicos solo en los términos más

generales y enfocar tu recuento en cuáles fueron tus sentimientos durante el trauma.

3. Ahora, escribe un poco acerca de cómo puedes contar tu historia en términos de *sentimientos*, en vez de enfocarte en los detalles de los acontecimientos. Añade a lo que escribiste tus ideas acerca de cómo puedes contar tu historia en términos de los tipos de luchas que afrontas hoy en la vida diaria[6].

Tu reacción a lo que escribiste puede variar. Es posible que desees rechazarlo y descartarlo. Es posible que desees reescribirlo una y otra vez para completar los vacíos, o puede que sientas que lo exageraras y escribieras un libro. El objetivo es sacarlo todo de ti y ponerlo en el papel.

Si esta experiencia es abrumadora, tal vez necesites trabajarla por partes y, a veces, dejarla a un lado. Con todo y eso, la sanidad viene a través del proceso de afrontar el dolor y reconstruir la historia[7].

A menudo, la reconstrucción de la historia puede hacerte más consciente de lo que perdiste, lo que quizá te deje sumido en un sentimiento más profundo de luto. No obstante, esta es una oportunidad para la recuperación.

El siguiente paso tal vez se entienda mejor como una evaluación de la manera en que el trauma impactó tu vida. ¿De qué forma te cambió este evento? ¿Cómo te desafió? ¿Qué le hizo a tus valores y creencias? ¿De qué modo afectó tus relaciones?

Uno de los propósitos de contar y volver a contar tu historia del trauma es aminorar los sentimientos intensos y, con el tiempo, verla desaparecer como sucede con otros recuerdos. Ya no es tan significativa como antes, y ya no te refieres a ti mismo como una persona traumatizada[8].

Es importante seguir escribiendo. Y ya no se trata del pasado, sino de tu futuro, lo que quieres que sea y quién quieres ser. Es hora de reconectarse con la vida. Las antiguas creencias y formas de responder cambian por una nueva perspectiva que puedes desarrollar para sustituir a las que desechaste. Las reacciones exageradas pueden llegar a un nivel equilibrado. Cada nuevo paso y cada nuevo éxito necesitan reforzarse, no tanto por otros como por ti mismo. Se trata de aprender la frase: «Puedo hacer esto».

A medida que escribes, toma un tiempo para redactar un *informe futuro sobre ti mismo dentro de tres años*. Describe cómo quieres ser de veras en tres años. ¿Qué te llevará llegar? Al principio, puede que no creas que sea posible. Está bien. Confía en las personas que te animan y creen en ti.

Parte de tu historia será la de tener acceso a tus recuerdos, tanto positivos como negativos. Los recuerdos pueden ser una fuente de ánimo y beneficio, o pueden ser deprimentes y paralizantes. Hay recuerdos que desearíamos poder retener y otros que nos gustaría eliminar. ¿Cuál es la mejor forma de lidiar con ellos?

El objetivo de las eficaces estrategias de afrontamiento no es eliminar tus recuerdos traumáticos. Lo lamentable es que el cerebro no es como el disco duro de tu computadora, donde puedes eliminar un archivo; el recuerdo todavía está allí, pero usando las estrategias apropiadas, tu respuesta puede garantizar consuelo y crecimiento en vez de enojo y dolor permanente.

Hay un tipo único de recuerdo que trae consigo el evento inesperado. Algunos lo llaman «equipaje de recuerdos». Estos recuerdos son casi siempre intensos y vívidos. Para algunos, son solo imágenes, pero podrían estar llenas de los colores de los lugares, así como de los olores y sonidos. Algunos evocan el sentimiento de lo absurdo del evento, mientras que otros se presentan como una retrospectiva o un pensamiento intruso. Es similar a una canción que se te queda en la mente.

Muchos esfuerzos para lidiar con esto no dan resultado; son ineficaces. A menudo, cuando las estrategias para alcanzar la sanidad no resultan, la persona solo sigue esforzándose, lo que conduce a la frustración.

Estas son algunas de las estrategias de afrontamiento más ineficaces:

- Intentar pensar en otra cosa como sustituto.

- Tratar de pensar en algo agradable.

- Levantarse e ir a otra habitación.
- Ir a hacer alguna otra actividad.
- Hablar con alguien acerca de cualquier tema, menos del incidente en sí.
- Beber alcohol.
- Consumir drogas.
- Tratar de evitar los recuerdos. Manteniéndolos a distancia[9].

Estas son algunas estrategias eficaces de afrontamiento:

1. Reconocer el recuerdo a la distancia; admitir ante ti mismo que existe y que eres capaz de lidiar con esto.

2. Dejar de rumiar o de repetir constantemente el recuerdo. Permítete repasarlo dos o tres veces en tu mente y deja de hacerlo después.

3. Atrévete a mencionar el evento y llamarlo por su nombre. Hablar sobre el evento con tantos detalles como sea posible te dará un sentido de control. Busca a alguien que esté dispuesto a escuchar tu narración.

4. Díctale la historia a otra persona, o escribe la experiencia y los efectos que tuvo en ti y en otros.

5. Escribe a mano la historia y sus consecuencias[10].

6. Lee la historia en voz alta. Volver a leer la historia en voz alta con todos los detalles y sentimientos que puedas juntar puede ayudarte a tener el control. Es una forma de tomar las riendas. No puedes evitar que reaparezcan los recuerdos, pero puedes hacerlos tus aliados.

7. Otro método es dictarle la historia del evento a un equipo de grabación, otra vez con tantos detalles como sea posible. Tal vez se requieran varios intentos para describir todo lo ocurrido. Algunas personas graban

una narración detallada y la escuchan varias veces al día. Al hacerlo, el impacto del evento disminuye y, con el tiempo, se aminora el dolor por escuchar la narración.

Como dijo un autor:

Expresar tu experiencia puede ser muy duro, y las palabras quizá parezcan inadecuadas al principio, pero con la práctica puedes describir tus emociones cada vez mejor. Es más bien como ponerle un nombre a un archivo en tu computadora: sin ese nombre no puedes tener acceso al mismo de la manera apropiada ni actualizar su contenido. Tal vez creas que otros pensarán que estás loco si les cuentas tu experiencia, pero haz el intento con una o dos personas cercanas a ti. La alternativa es que los pensamientos, las imágenes y los sentimientos viajan de manera interminable por los transitados canales de tu mente, y no son una buena compañía; tratas de evitarlos, pero continúas tropezándote con ellos[11].

Los recuerdos traumáticos no desaparecen. Los rituales son una forma de controlarlos. Si puedes ponerlos en un lugar seguro y acceder a los mismos cuando sea necesario, te afectarán menos.

8. Un método que da buenos resultados es invitar al recuerdo diciendo: «Aquí estás otra vez. No me importas. No me gustas. Me has perturbado y me has causado mucho dolor, pero puedo lidiar contigo. Por lo tanto, entra y vamos a ver qué puedo aprender de ti. Con el tiempo, ya no formarás parte de mi vida». Sé que esto parece raro, pero suele ser eficaz.

Los recuerdos aparecen cuando menos lo deseas. He hablado con muchos a quienes les gustaría un interruptor de desaparición. He escuchado a muchos decir que los recuerdos del pasado los persiguen.

Muchas personas sienten que los persiguen recuerdos y pensamientos en la vida sobre los que no tienen ningún control.

Algunos vacilan entre una agenda de «deshacerse de los recuerdos» y una mentalidad de «olvidar el pasado», y ninguno de esos enfoques resulta.

Tal vez necesitemos un libro que se llame *La paz con nuestros recuerdos*. Me gusta lo que dijo Robert D. Jones acerca de lo que podemos hacer cuando nuestra meta como creyentes es ser como Cristo: «La buena noticia es que, si perteneces a Jesús, Dios tiene algo mejor para ti. Dios no quiere *eliminar* tus recuerdos; quiere *redimirlos*. Quiere *transformarlos* en algo bueno, algo que te hará más como Jesús».

La realidad de un evento traumático es que a menudo erradica la existencia de los recuerdos positivos y sanadores. Sin ellos y otros recuerdos sanadores, permanecemos en dolor y quebranto.

Los recuerdos no son solo pensamientos ocasionales. Influyen de manera positiva en el presente y en el futuro, basados en lo que experimentamos en el pasado.

Los recuerdos pueden ser muy útiles para nuestro presente y futuro, o pueden estorbar nuestro presente y futuro. Los recuerdos son como recipientes de almacenamiento. Uno de los aspectos más fuertes de la memoria humana es el almacenamiento de las experiencias *emocionales*. Recordamos las emociones más que los hechos precisos. ¿Y qué me dices de ti?

Hay otro aspecto de la memoria que nos podría impactar a todos: la pérdida de la memoria.

La pérdida de la memoria es uno de nuestros obstáculos más importantes. Sin la memoria, estamos limitados. Cuando nuestra memoria se afecta severamente, ya no somos nosotros mismos.

La memoria está vinculada con nuestro crecimiento y recuperación. Sin embargo, hay algunos mensajes que desearíamos que desaparecieran. Estos se encuentran en nuestros recuerdos traumáticos o inesperados. Entran y salen de nuestra mente de forma automática, y cuando llegan, nos perturban la vida.

Hay muchos factores que impactan tu proceso de recuperación y, en especial, la severidad del trauma original. Lo que es común en todos y cada uno de los procesos de sanidad es la necesidad de hacer la paz con el recuerdo de lo sucedido. Esto es fundamental. Ese recuerdo bien guardado tiene que estar accesible para que pueda informar al futuro en vez de estorbarlo. En la actualidad, hay demasiadas personas que viven con sus recuerdos bloqueados.

¿Cómo puedes estabilizar los síntomas del trauma? Se requiere un cambio en la comprensión de su significado. Necesitas considerar los síntomas que experimentas como recursos para preservar la vida en un tiempo de circunstancias extraordinarias. Sirven a un propósito. La sanidad no comienza con tratar de alejar los síntomas, sino más bien con tratar de entenderlos y aceptarlos, gracias a la gran protección que representan. Estos síntomas reflejan la resistencia humana y no son una señal de debilidad ni fracaso.

El recuerdo de un trauma, sin embargo, no está en el pasado. Está en el presente y lo experimentamos una y otra vez con la misma intensidad de los acontecimientos originales. No hay secuencia cronológica; el recuerdo solo está allí, sin la perspectiva de la secuencia y la comprensión.

Cuando el trauma destruye la creencia en el futuro, no hay un contenedor para el dolor y, por tanto, permanece sin procesarse y se vuelve cada vez más poderoso. El temor al dolor que causaron los eventos, puede cerrar el futuro tan rápido como los mismos eventos.

A veces pensamos que la memoria es la caja de seguridad de la mente, un lugar donde depositamos las cosas valiosas en forma de experiencias que recordamos. Así como podemos ir al banco para abrir el contenedor de metal cerrado con llave donde guardamos el reloj de oro de nuestro abuelo, de la misma manera podemos pensar que, cuando queremos recordar un evento, solo vamos a la caja de seguridad de nuestro cerebro para sacar el evento que queremos examinar. Cuando lo hacemos, damos por sentado que estará allí, al igual que la última vez que lo pensamos.

Sin embargo, la realidad es que la memoria *no* es como esa caja de seguridad. Cada vez que recordamos algo, la memoria misma cambia, ya que las redes neuronales asociadas con esa imagen mental se refuerzan para actuar de una manera similar, aunque un tanto diferente, o se configuran y modifican para actuar de manera distinta[12].

Los recuerdos comienzan con una experiencia, pero a menudo los «actualizamos» basándonos en las imágenes que se forman por la intensidad de la emoción. Los detalles se alteran, y algunas partes se refuerzan y se intensifican, mientras que otras partes se reducen. Ten en cuenta estas realidades a medida que reúnes los recuerdos de tu nueva experiencia. Si los escribes y los lees en voz alta varias veces, llegarán a estar más equilibrados. (Para más detalles e información sobre los recuerdos, lee el capítulo 2 de mi libro *When the Past Won't Let You Go*).

Pasos a seguir para recuperar el control, incluidas las emociones

Cuando ocurre lo inesperado, es fácil permitir que sus consecuencias controlen nuestra vida. Tenemos que elegir entre la desesperación y la esperanza. La desesperación puede dominarnos la vida, y dejarnos heridos y víctimas de lo que sea que sucediera. Aprendemos a vivir nuestra vida en temor. O podemos aprender a vivir con esperanza y reconstruir nuestras vidas con un nuevo grado de seguridad. Se trata de aprender a vivir con nuestros ojos en el pasado o en el futuro. Es una elección entre el pesimismo y el optimismo.

Las personas que se sienten optimistas y con esperanza tienen más oportunidades de recuperarse y pueden llegar a hacer las cosas incluso mejor que antes. La esperanza ayuda a una persona a soportar los tiempos difíciles, y el optimismo provee pensamientos e imágenes que muestran que las cosas van a salir bien. La esperanza es lo que tienen las personas. El optimismo es lo que creen las personas. Las actitudes positivas casi siempre se vinculan con las acciones que las personas pueden llevar a cabo, paso a paso, a fin de avanzar desde donde están hasta donde quieren estar. Hacerle frente es una opción y un proceso, diferente para cada individuo, en el que una persona sigue aprendiendo cómo ser mejor para afrontar los desafíos físicos, mentales y emocionales difíciles[1].

Nuestro cerebro nos da la capacidad de recuperar recuerdos del pasado e imaginar el futuro. Podemos recordar cosas buenas y malas que nos sucedieron, y podemos anticipar las cosas buenas y malas que pueden suceder.

Una persona llena de esperanza se siente menos desesperada. Las personas esperanzadas resisten más tiempo, lo que puede conducir a la sanidad, al rescate o al final de las malas circunstancias. La esperanza hace posible que las personas imaginen que su difícil vida presente será mejor en el futuro. Las personas sin esperanza no pueden imaginarse un futuro mejor. La falta de esperanza es desalentadora.

La esperanza es significativa cuando luchamos para sobrevivir las malas condiciones[2].

Para dejar que la esperanza impacte nuestra vida tenemos que estar dispuestos al cambio.

Desde el nacimiento hasta la muerte se producen muchos cambios en la vida... incluso en un mismo día. Temporadas de incertidumbre, de cambios, a medida que pasa una etapa y empieza otra nueva. Cualquier cambio, incluso los que son previsibles y esperados, contiene elementos de riesgo, inseguridad y vulnerabilidad.

Las épocas estables, en cambio, son la excepción; el cambio es la norma.

Para algunos, la palabra *cambio* encierra un sentido de esperanza (otra vez esa palabra), con la connotación de nuevas posibilidades o el potencial para la novedad, y lo reciben con agrado. Para otros, hasta la palabra en sí misma representa una amenaza, una interrupción de la comodidad y la seguridad, y se resisten a tal cosa.

Cuando nos resistimos al cambio, nos resistimos a una o más fases de las tres fases que lo componen. Nos resistimos a *dejar ir* lo viejo; es posible que nos resistamos a la confusión del estado intermedio de la *zona neutral*; o podemos resistirnos a las incertidumbres de tener un nuevo y arriesgado *comienzo*. No nos resistimos porque no podamos aceptar el cambio, sino porque no podemos dejar de lado esa parte de nosotros mismos a la que debemos renunciar cuando, o porque, cambia la situación[3].

Bien sea que podamos dejar que ocurra el cambio o que podamos estar a cargo de los cambios en nuestra vida.

A continuación se muestran algunos de los pasos que puedes dar para promover el cambio. Esto requerirá tiempo, esfuerzo y el compromiso de hacer algo diferente. Lo siguiente es lo que les ha dado resultado a quienes han avanzado en la vida:

1. Fíjate en lo que permanece igual todos los días.

2. Fíjate en lo que es útil cada día. Escríbelo y sé específico. Da tantos detalles como sea posible.

3. Fíjate en lo que es diferente.

4. Cuando tiene lugar un cambio para mejorar, detéctalo, y descubre lo que fue útil en ese caso.

5. Escríbete una carta identificando lo que está resultando.

Esta tarea crea conciencia de cambio al reconocer la mejora, sin importar cuán pequeña sea. En una situación familiar, puede ser útil que todos en la familia realicen juntos la tarea o que cada miembro complete la tarea por separado y luego se la comenten a los demás. Las instrucciones son: «Ya adquiriste cierta experiencia en controlar tu enojo. Escríbete una carta describiendo los pasos que diste, y las habilidades y los recursos que utilizaste para lidiar con el mismo». Esto es aún más eficaz cuando lees lo que escribiste en voz alta.

Luego, aparecen algunos otros intrusos. Nos golpean con la intensidad de un tornado y con la brusquedad de un terremoto. No se marchan cuando quieres que se vayan, y no hay forma de desalojarlos. Son como un tren fuera de control que se le desgastaron los frenos. Te sientes totalmente fuera de control. A pesar de que tal vez cuestiones la necesidad de su presencia, tienen un propósito. ¿Cómo se llaman estos compañeros «indeseados»? *Emociones* o *sentimientos*.

Durante el malestar, puedes experimentar un amplio rango de emociones, y hasta sentimientos que no experimentaste nunca antes.

No solo es la presencia de las emociones lo que te molesta; es su intensidad. Algunas pueden parecer insoportables, incluso tóxicas.

Lo siguiente es lo que debemos esperar después de un evento inesperado:

- Temor a que se repita el trauma. Si muere alguien que amabas, le puede suceder lo mismo a otra persona que amas.

- Temor a la similitud de la víctima contigo. Si alguien que conoces fue víctima de un delito, también lo puedes ser tú.

- Temor a una pérdida de control violenta. El enojo puede ser algo muy temible, en especial cuando sientes que eres incapaz de controlarlo.

- Preocupación con respecto al fracaso de impedir el evento. No pudiste evitar lo que sucedió, y te sientes avergonzado e inútil. La última sección de este libro abarca el temor en detalle.

- Ira hacia cualquiera que sientes que es responsable por el temor. A todo el mundo le gusta culpar a alguien, incluso si es irracional por completo.

- Ira hacia cualquiera que tuvo la suerte de no estar involucrado. No es justo lo que te sucede. Y luego te sientes culpable por sentir esa ira.

- Culpa porque sientes que la responsabilidad fue tuya. De alguna manera eres responsable por este evento, aunque sabes que no lo fuiste.

- Culpa por sobrevivir cuando otros no lo hicieron. Es difícil lidiar con tu alegría por sobrevivir mientras otros no pudieron hacerlo.

- Tristeza por tu dolorosa pérdida. Te persigue el arrepentimiento.

Las personas sí se recuperan de esos eventos y hasta pueden ser más felices y saludables que nunca antes. Sin embargo, necesitas descubrir los síntomas que te han estado afectando. Solo entonces te puedes deshacer de tu dolor de una vez y para siempre[4].

Cuando comprendes que sentir una emoción es una condición humana inevitable y sabes qué esperar de las emociones, las controlarás mejor. Muchos creen que están solos en su experiencia de esos sentimientos tan intensos. Piensan: *Ninguna otra persona es como yo*. Esta falsa creencia les impide aceptar sus sentimientos, aprender de ellos y avanzar hacia la recuperación. Cuando sucede un trauma, se produce una sobrecarga de emociones. Y demasiado a menudo, esas emociones no se liberan y, en su lugar, se descartan y se entierran vivas.

Ahora bien, ¿qué sucede cuando las emociones intensamente dolorosas que provoca el trauma se almacenan intactas en tu sistema nervioso durante un período prolongado? Estas experiencias traumáticas conformarán e influirán en tus experiencias diarias de manera significativa, hasta que se resuelvan. El solo hecho de hablar o pensar en una experiencia emocionalmente dolorosa no siempre liberará el dolor. Recuerda, nuestro *intelecto* no puede resolver lo que se imprime en las *emociones*.

Durante la emergencia en sí misma, algo nos sucede a la mayoría de nosotros que nos permite poner a un lado nuestros sentimientos con el objetivo de lidiar con las necesidades urgentes del momento. Puede que experimentemos una multitud de sentimientos diferentes: temor, confusión, impotencia, angustia, ansiedad, frustración, enojo, tristeza. También sentimos cosas inesperadas, tales como alivio, cercanía, insensatez, orgullo por haber ayudado, indiferencia o insensibilidad. El rango de emociones es tan variado como nosotros mismos. Ninguna está bien o mal. No obstante, de alguna manera nos la arreglamos para mantener estos sentimientos a raya hasta que pasen el peligro inmediato o el incidente. Eso es lo que nos permite usar nuestros recursos para estar lo bastante claros, lo bastante calmados, y mantener el control para ser capaces de actuar.

Después, sin embargo, una vez que la emergencia pasa y la adrenalina empieza a retirarse, puede que resurjan esos sentimientos. Sucede con mucha frecuencia.

Se ha demostrado que los sentimientos de desesperanza o de falta de control sobre la escena de una emergencia o de un incidente crítico incrementan la presión. Es muy común escuchar comentarios como: «No pude hacer nada», «Me sentía impotente», o «Todo sucedió de repente y no lo pude evitar». Aunque esta agonía resulta conocida para cualquiera que quiere ayudar a las personas, a quienes están entrenados para salvar vidas les resulta el doble de difícil tolerar esa frustración.

Hoy en día, escuchamos cada vez más acerca de la culpa del sobreviviente. Los accidentes, tornados, terremotos y ataques terroristas crean una clase específica de remordimiento en los que sobreviven el evento trágico. Hubo muchos sobrevivientes cuando el incidente de la bomba en Oklahoma City que sufrieron solo heridas menores o ninguna herida. Sin embargo, muchos experimentaron la culpa del sobreviviente. Los bomberos y los policías que sobrevivieron el colapso de las Torres Gemelas en Nueva York hablan acerca de su sentimiento de culpa por haber escapado de la muerte. Está el caso de los que no fueron a trabajar ese día, que se fueron temprano, o que bajaron y escaparon al colapso de las torres. Estos también se preguntan: «¿Por qué yo?», pero por razones diferentes. Incluso, algunos de los familiares de los que perecieron en el vuelo 800 de TWA terminaron preguntándose: «¿Por qué ellos? Debí haber sido yo. Eran demasiado jóvenes. Yo soy más viejo».

Esta clase de cuestionamiento a menudo sucede cuando la tragedia involucra a un niño o a alguien que conoces bien. La creencia de que hubiera sido más sensible que la tragedia te hubiera sucedido a ti que a la otra persona es una clara indicación de la culpa del sobreviviente. En el centro de esos sentimientos podría estar la creencia de que se te permitió evadir la tragedia a costa de la otra persona. Ese sentimiento rara vez se basa en hechos reales. La culpa del sobreviviente es otra forma de culparse a uno mismo. Es una manera de decir: «Si yo hubiera sufrido más, tú habrías sufrido menos».

La desesperanza trae consigo un montón de otros sentimientos, dependiendo de tus experiencias de vida y tu naturaleza. La mayoría de las personas detestan el sentimiento de desesperanza. Sus resultados a menudo son enojo, frustración, culpabilidad propia o de otros. En reacciones más serias, una persona se puede obsesionar con la experiencia y llegar a aislarse[5].

La rabia y la ira son los frutos del trauma. A menudo atemorizan tanto al que siente las emociones como a quienes las reciben.

En el caso de algunos traumatizados, la emoción más posible en ese momento es el enojo. Lo usamos para proteger nuestros corazones de experimentar el dolor y el sufrimiento. Por eso es que muchos negarán que estén enojados, pues reconocerlo sería admitir el dolor y el sufrimiento, o lo que lo ocasionó. Considera estas ideas:

Podrías estar enojado contigo mismo por estar vivo y bien mientras otra persona no lo está, o podrías estar enojado por algo que dijiste o que desearías haber dicho o por no ser tú mismo.

Podrías estar enojado porque otros no te entienden. No entienden que no vas a regresar a la normalidad. Y también estás enojado porque estás atascado en el tiempo, mientras que todos los demás continúan viviendo como si nada hubiera pasado.

El personal de los hospitales, los médicos, los paramédicos, los amigos, los familiares y los directores de funerarias podrían convertirse en quienes reciben tu enojo.

El poder del enojo después del trauma es tan grande que se siente como algo destructivo que explotará los mecanismos de afrontamiento y las relaciones. Sin embargo, cuando se enfoca de la manera apropiada, el enojo puede ser una energía productiva que crea una nueva comprensión del mundo. El enojo, al igual que el dolor, tiene que seguir su curso por los diferentes canales y períodos que no podemos elegir. El enojo, no obstante, no puede volverse sanador ni transformador si se deja desatendido. Tienes que respetarlo e invitarlo a la conciencia antes de que libere su poder. El verdadero peligro del enojo no es el sentimiento en sí mismo, sino las formas en que intentamos contenerlo y que nos vacían de nuestra humanidad, en vez de enriquecerla. El enojo se vuelve destructivo cuando se usa para menoscabar en vez de servir como una pasión para el cambio[6].

Una víctima dijo:

Por fin me di cuenta de que seguir aferrado a mi enojo me convertía en una víctima. A pesar de lo mucho que quería que alguien pagara, sabía que eso no sucedería. De modo que decidí hacer un plan de noventa días. Me permitiría retener el diez por ciento de mi enojo porque sé que soy humano y que no soy perfecto. Sin embargo, cada día, durante los noventa días, dejaría un uno por ciento de mi enojo. El hecho de que tenía una meta y de que luego desarrollé un plan me ayudó mucho en mi recuperación. Cada día pasaba de quince a veinte minutos identificando de quién o de qué quería vengarme. Lo escribía y luego le daba la forma de una pequeña carta. Me paraba en una habitación y la leía en voz alta, sin editarla. A veces no era muy bonita. Y otras veces se la leía a un amigo porque ayudaba tener a alguien real que me escuchara.

Cada día escribía la frase: «Te perdono por...», y luego escribía la primera razón que me venía a la mente por la que no podía perdonar. Era como si estuviera lleno de refutaciones con respecto a perdonar. Siempre terminaba la mañana leyendo un salmo en voz alta. Luego, levantaba las manos al Señor y le entregaba mi enojo de ese día. Después le daba gracias por lo que Él estaba haciendo, incluso si no sentía ganas de hacerlo. Descubrí muchas cosas al hacer esto. Estaba lleno de amargura. Eso me mantenía acorralado y atascado. No quería perdonar. No se lo merecían.

En cambio, seguí haciéndolo. Después de los primeros treinta días, dudaba que hubiera mejorado aunque fuera un tres por ciento. Sin embargo, al cabo de sesenta días, sentí que avanzaba más allá de lo programado. Estaba mejorando, estaba creciendo, me recuperaba. En ocasiones, me golpean todavía el enojo y el dolor. Puedo vivir con eso, incluso si se convierte en mi compañero por el resto de mi vida. Tengo días y semanas en que me siento completo otra vez. Alabo a Dios por esto.

LA EVASIÓN DE LAS EMOCIONES

Vamos a regresar a un tema del que ya hablamos antes... las emociones.

Como es comprensible, a la mayoría de nosotros no nos gusta lidiar con las emociones que acompañan el dolor o el trauma. Después de todo, la mayoría escoge evitar el dolor, si eso es posible. Evitar el dolor a veces es bueno; por ejemplo, permanecer ocupado o evadir ciertas situaciones o temas son formas eficaces, al menos por un tiempo, de lidiar con las emociones. El problema tiene lugar cuando la evasión se usa de manera constante para negar otros medios de manejo de las emociones, o cuando la evasión se usa de manera constante para negar sentimientos legítimos (por ejemplo, bloqueo, minimización, distracción, supresión).

Hay muchas razones por las que una persona que sufre puede querer evitar las emociones. Tal vez crean que nada mejorará si las experimentan y las expresan. A menudo, ese es el caso en las primeras fases del duelo, cuando es difícil ver que algo puede ser diferente, el dolor emocional en particular. Algunos tal vez le teman a que experimentar y expresar las emociones sea una señal de que son inadecuados, débiles o de que están perturbados. Tal vez les preocupen sus propias reacciones, así como las reacciones de los demás. Quizá le tengan miedo al rechazo o a la crítica de otros que crean que algunos sentimientos son inaceptables. Puede que le teman a que experimentar y expresar sus emociones los haga perder el control. Esto es común para cualquiera que sufre una pérdida que está fuera de su control y en situaciones donde les arrebataron el control. Tal vez no sean muy conscientes, o no tengan la habilidad suficiente, para experimentar sus emociones.

Es importante explorar las razones por las que tal vez evites tus emociones. Los consejeros a menudo se refieren a esto como «hablar sobre la pared», en vez de intentar derribar esa pared. Hay una serie de preguntas a considerar. ¿Por qué evitar? ¿Qué es lo que te preocupa? ¿Qué pasaría si afrontaras las emociones? ¿Qué es lo mejor y lo peor que podría pasar? ¿Qué podría ayudarte? ¿La evitación emocional solo tiene que ver con la situación actual o es un patrón constante? ¿Dónde se origina la renuencia a experimentar y expresar los sentimientos?

Hay quienes se refieren a algunas de sus emociones como emociones oscuras. Una de las preguntas que les resulta útil es: «¿En qué sentido mis emociones oscuras me han hecho más fuerte?».

Puedes escribir o contar una historia que detalle de qué manera las emociones perturbadoras te hicieron más fuerte o te transformaron de algún modo. El enfoque aquí no está tanto en provocar una respuesta emocional como en considerar tus emociones a la luz de lo que experimentaste. Esta estrategia enfatiza el valor de las emociones y promueve la aceptación de tu mundo emocional.

Todos tenemos legados emocionales. Por eso es que vemos respuestas diferentes ante lo inesperado. Con frecuencia, podemos prever cuál será la respuesta de una persona cuando conocemos las experiencias en su niñez. Es probable que los que se traumatizaron no aprendieran de su trauma, y podría limitar una respuesta saludable a la hora de vencer lo inesperado.

¿Cómo respondes a este evento? Muy a menudo los recuerdos que tenemos están enraizados en nuestras emociones, o nuestras emociones activan nuestros recuerdos. Esto puede variar. He hablado con muchas personas que dicen: «¡Recuerdos! ¿Qué recuerdos? ¡Es como si alguien hubiera tomado un cuchillo y hubiera arrancado todas las células de la memoria de mi cerebro! ¿Qué anda mal conmigo?». A esto lo llamamos «normal». Eso es lo que sucede cuando experimentas lo que llamamos un evento traumático. He explicado esto, pero las personas dicen: «¿Pero por qué? ¿Qué me ha pasado?». La respuesta es sencilla: Cuando experimentas un trauma, la porción de tu cerebro relacionada con las emociones y tus recuerdos se reduce, y esto también puede resultar en una pérdida de la memoria. El sistema de alarma de emergencia a menudo reacciona con exageración. Si no puedes recordar nada, esa es una respuesta normal. Hay una pérdida de la memoria, así como un tiempo de confusión. El cerebro no puede poner en orden los acontecimientos, de modo que el pasado puede verse como presente y el presente puede verse como del pasado. ¡No es de extrañar que haya confusión! Algunas secciones de tu cerebro que deseas que funcionen de manera apropiada no lo hacen. El área de tu cerebro que quieres que esté a cargo, tal como el pensamiento lógico, podría estar apagada porque las emociones tomaron el control.

Recuerda, tu deseo es que la parte pensante de tu cerebro esté a cargo, en lugar de que sea la emocional. No quieres que tu cerebro esté bajo el control de tus emociones. Con frecuencia, quienes están bajo esta influencia comienzan a volverse negativos[7].

Uno de los síntomas más frecuentes que encuentro en los que vivieron algún trauma es la perturbación del sueño, ya sea porque no duermen o porque duermen mal y se levantan cansados a la mañana siguiente. Tu cuerpo está reflejando el conflicto que tiene lugar en tu cerebro.

Estos son pasos a seguir para ayudarte a dormir.

Si batallas con la ansiedad, dormir será un desafío. Si tu mente no se apaga y continúa trabajando, puedes interrumpir esa ocupación. Lo que llevamos a nuestros pensamientos y a nuestra mente puede ayudarnos o tener un efecto perjudicial. Una vez tras otra, cuando me siento con quienes sufrieron una experiencia inesperada, escucho sobre esta batalla. En la mayoría de los casos no solo se trata del evento, sino de un patrón de hacer cosas que impiden el sueño.

La siguiente lista de pasajes de las Escrituras y oraciones ha ayudado a calmar a muchos y a activar la parte pensante de su cerebro. Siéntate al lado de la cama y lee los versículos y la oración en voz alta, y después apaga la luz. Tal vez necesites hacer esto más de una vez. Estás llevando la Palabra de Dios a la parte pensante de tu cerebro de una manera visual y auditiva.

Al acostarte, no tendrás temor alguno;
te acostarás y dormirás tranquilo.
No temerás ningún desastre repentino,
ni la desgracia que sobreviene a los impíos.
Porque el Señor estará siempre a tu lado
y te librará de caer en la trampa (Proverbios 3:24-26).

Me voy a dormir tranquilo y sé que despertaré,
porque el Señor me protege (Salmo 3:5, PDT).

Recostado, me quedo despierto
pensando y meditando en ti durante la noche
(Salmo 63:6, NTV).

Cuando mis inquietudes se multiplican dentro de mí,
tus consuelos deleitan mi alma (Salmo 94:19, LBLA).

En paz me acuesto y me duermo,
porque solo tú, Señor, me haces vivir confiado (Salmo 4:8).

En un sueño, en una visión nocturna,
cuando un sueño profundo cae sobre los hombres,
mientras dormitan en sus lechos,
entonces Él abre el oído de los hombres,
y sella su instrucción (Job 33:15-16, LBLA).

Querido Dios:
Te damos gracias por la oscuridad de la noche donde yace el mundo de los sueños. Guíanos más cerca de nuestros sueños, a fin de que estos nos puedan alimentar. Danos buenos sueños y recuerdos de ellos, de modo que podamos llevar su poesía y misterio a nuestra vida diaria.

Danos un sueño profundo y reparador para que podamos despertarnos con la fuerza suficiente para renovar un mundo cansado.

Te damos gracias por la inspiración de las estrellas, la dignidad de la luna, y las canciones de cuna de los grillos y las ranas. Permítenos restaurar la noche y reclamarla como un santuario de paz, donde el silencio sea música para nuestros corazones y la oscuridad derrame luz sobre nuestras almas. Buenas noches. Dulces sueños. Amén.

Michael Leuing, *A Common Prayer*

Sigue leyendo los versículos y la oración todas las noches antes de acostarte, y dedica unos minutos a orar por un sueño tranquilo. Cada mañana reflexiona sobre los cambios en tus patrones de sueño y el progreso que haces para dormir toda la noche.

Consideremos algo diferente, lo que llamo preguntas de excepción. Estas se usan para descubrir ocasiones cuando, a propósito o de manera espontánea, *lidias* con las dificultades, incluso en un grado muy pequeño. Estas preguntas revelan formas en las que puedes tener el control de tus problemas, en vez de que tus problemas te controlen a ti (por ejemplo, controlar el enojo en vez de que el enojo te controle a ti).

- ¿En qué ocasiones te parece que puedes lidiar mejor con tu enojo?

- ¿En qué ocasiones te sientes más como un sobreviviente y menos como una víctima de lo sucedido?

- Cuéntame en qué momentos te olvidas de que estás sufriendo o de que estás enojado.

- Cuando tienes un día mejor, ¿qué es diferente con respecto a lidiar con todas estas cosas?

Muy a menudo nos preguntamos: «¿Por qué...?» cuando esta pregunta no tiene respuesta.

Sin embargo, ¿qué sucede cuando cambiamos la pregunta de «¿Por qué?» a «¿Cómo?». «¿Cómo me estoy deprimiendo?». «¿Cómo me estoy preocupando tanto?». «¿Cómo me estoy molestando tanto?». «¿Cómo me estoy enojando tanto?». «¿Cómo estoy creando mi ansiedad?». «¿Cómo me estoy haciendo sentir tan lejos de Dios?». La conciencia llega cuando las preguntas se hacen de esta manera.

Un método muy sencillo y que da muy buenos resultados a quienes son incapaces de recuperar pensamientos específicos es contar sus pensamientos a medida que surgen. Esto ayuda de muchas maneras. Te ayuda a sentir que obtienes un poco de control sobre tu situación, te ayuda a reconocer cuán automáticos son tus pensamientos y te ayuda a tener una mejor perspectiva sobre tus pensamientos. Este es un paso inicial para reconocer cómo tus pensamientos afectan las emociones y la conducta.

El sentimiento o el sentido de seguridad es vital para sobrevivir. Es un deber. Cuando nos los arrancan, como sucede con lo inesperado, nuestras vidas se vuelven caóticas. Se requiere tiempo, creatividad y paciencia para reconstruir nuestra seguridad.

Una de las formas de comenzar a restablecer este sentido de seguridad está en tu mente o imaginación. Siempre que empieces a sentirte abrumado o inseguro, algo que puedes hacer es lo siguiente. Tu imaginación es tanto un regalo como un poderoso medio que puede estabilizar tu vida.

Selecciona una foto o una imagen que te produzca calma y te brinde un sentido de seguridad. Escoge lo que sea apropiado para ti.

Enfócate en la imagen. Algunos la describen o dibujan. ¿Dónde está en tu cuerpo? ¿Cuáles son los sentimientos que experimentas ahora? ¿Qué te ayuda a sentirte seguro en este momento?

Ahora, intensifica tu imagen de seguridad. ¿Qué tiene esa foto o imagen que te brinda un sentido de seguridad? Podría ser algo sobre tu pasado que es real o algo que creaste. ¿Qué palabra define este lugar seguro? Describe tus sentimientos cuando estás en este lugar seguro. ¿Con qué frecuencia quieres traer tu imagen de seguridad a tu imaginación? Si tu cuerpo pudiera hablar contigo cuando piensas en eso, ¿qué te diría?

A algunos les resulta útil practicar esto muchas veces al día hasta que su sentido de seguridad se vuelve más fuerte. No permitas que lo sucedido te lo robe.

He aquí una variación de crear un lugar o un sentido de seguridad. Esto es algo que se puede usar durante un tiempo de crisis o trauma, o cuando te sientes inseguro.

Camina cien metros, y mientras lo haces, recuerda todo lo malo que ha pasado, hasta que llegues al final de los cien metros. Luego, date la vuelta, y a medida que regresas, piensa en todo lo bueno que te ha sucedido e imagina que estás seguro. Repite esto muchas veces hasta que lo bueno tenga el control de tu mente y te sientas seguro. Muchas personas que hicieron esto lo encuentran muy útil.

En realidad, la imaginación es la base de nuestros procesos de pensamiento y una forma de procesar la información. Es probable que las palabras que primero desarrollamos en la niñez se deban a que antes tuvimos las imágenes en nuestra mente.

La imaginación es la creación de cuadros o imágenes mentales. Tenemos la tendencia a llegar a ser como lo que nos imaginamos o nos imaginamos que somos. Si nos imaginamos como fracasados, lo más probable es que fracasemos. Si nos imaginamos teniendo éxito, hay muchas posibilidades de que lo tengamos. Las imágenes de las que nos aferramos y que reforzamos con el tiempo se filtran en la parte subconsciente de nuestra mente.

Las imágenes pueden cambiar de manera considerable nuestro estado emocional. Son capaces de contrarrestar nuestro comportamiento autodestructivo y nuestro diálogo interno negativo, y promover la sanidad del trauma.

Podemos imaginar escenas en particular tales como caminar por el bosque o por la orilla de un río o del mar, cualquier experiencia tranquila y pacífica. Esta es una forma de inducir sentimientos de paz y serenidad cuando estamos ansiosos o somos aprensivos.

Las personas que se imaginan en estas circunstancias pueden recuperar las emociones pacíficas que han experimentado en algún momento de su vida. Las asociaciones realizadas de manera inconsciente en tu cerebro de tales caminatas acompañadas de tranquilidad y paz se vuelven a despertar con la experiencia de la imaginación.

Los Salmos y las parábolas de Jesús proporcionan una abundante colección de experiencias de vida descriptivas para la imaginación.

Jesús usó las imágenes en gran medida durante su ministerio terrenal. Una relación íntima con Jesús genera una serie de experiencias poderosas que se convierten en una parte de la estructura de nuestra mente. Revivir esas experiencias mediante la imaginación disipará cualquier nube amenazadora[8].

Una persona con la que trabajé me confesó que cometer errores le provocaba tres respuestas emocionales: ansiedad, depresión y enojo. Y esto solía pasarle más de una vez al día. El procedimiento a seguir en esos casos es cerrar los ojos y empezar a imaginar que sucede una de esas situaciones. Experimentarla y vivirla con tanta claridad como sea posible. Ahora, «mirar» los colores y las formas, «escuchar» los sonidos, y notar cuantos más detalles se puedan advertir. Imagínate diciéndote varios de tus comentarios negativos y derrotistas. Visualiza la situación hasta que comiences a sentir la emoción negativa. Cuando lo hagas, admítelo. Empieza a imaginar las peores consecuencias posibles que podrían tener tus pensamientos negativos. Un individuo dijo: «Si sigo creyendo que los errores son tan horribles, siempre me quedaré paralizado. No seré capaz de funcionar en el trabajo. Podría perder mi empleo. Los amigos me abandonarán. Y mientras más tenso me ponga, peor será». Ahora bien, ¿cuál es el resultado de todo esto?

La imaginación te puede ayudar a identificar tus pensamientos y la relación de estos con los sentimientos, el comportamiento y las consecuencias. Usando la visualización de papeles, revive una situación desagradable que tuvieras hace poco y especifica los pensamientos, sentimientos y acciones que tienen lugar a medida que revives dicha situación. Después que aprendas cómo hacer esto, podrás recrear muchas situaciones del pasado. Describe cada situación como si sucediera en el momento presente.

Imagínate las cosas de la manera más vívida que puedas, y describe los detalles de una situación en la que te molestaste en el pasado o que te podría molestar en el futuro. Tal vez sea la de cometer un error, o que te maltrate tu cónyuge, o que alguien te dé por sentado, o que no te desempeñes tan bien como crees que deberías hacerlo. A medida que visualizas esta situación, permítete sentir tu respuesta emocional, ya sea enojo, depresión, temor, etc. Ponte en contacto con este sentimiento perturbador tanto como sea posible. (Dedica de 10 a 20 segundos para hacer esto). Ahora, oblígate a cambiar tu sentimiento a uno de decepción, arrepentimiento, enfado o irritación, de modo que te sientas disgustado, pero no molesto. (Una vez más dedica entre 10 a 20 segundos). Ahora, hazlo de nuevo para que te sientas neutral.

A otro ejercicio de la imaginación se le llama entrenamiento visual y motor del comportamiento (VMBR [por sus siglas en inglés]). Casi siempre se usa para ayudar a una persona a desarrollar un tipo de comportamiento que antes evadió debido al temor. Escoge un lugar tranquilo en casa, haz algunos ejercicios de relajación, y después imagínate realizando el comportamiento deseado, pero de manera gradual. (Los ejercicios de relajación tienen el propósito de aliviar la tensión de los músculos y ayudar a eliminar el estrés).

Enfócate en tu vida mental. Las imágenes aclaran problemas porque pueden hacerlo. La distorsión de la realidad en la imagen de la persona que recibe consejería puede ofrecer una pista para llegar a la razón de la reacción inapropiada. Puede resultarte útil hacer algunas de las siguientes preguntas a fin de descubrir las imágenes que acompañan tu pensamiento.

«¿Ves una imagen mientras hablas?».

«¿La podrías describir?».

«¿Es en colores?».

«¿Hay sonido?».

«¿Estás en movimiento?».

«¿Hay alguien más moviéndose?».

«¿Hueles algo?».

«¿Sientes algo?».

La detención del pensamiento es un procedimiento útil para ayudar con muchos de los pensamientos que parecen estar fuera de control, en especial los que nos mantienen inseguros.

Detener el pensamiento implica concentrarse en los pensamientos no deseados y, después de un corto tiempo, hacer un alto de repente y vaciar la mente. La orden «¡Basta!» o un sonido muy fuerte es lo que casi siempre se usa para interrumpir los pensamientos desagradables.

La detención del pensamiento es una respuesta enérgica y necesita la presencia posterior de pensamientos positivos que sustituyan a los negativos; es decir, declaraciones reconfortantes, realistas, positivas o de aceptación.

Está bien establecido que los pensamientos negativos y aterradores invariablemente crean emociones negativas y aterradoras. Si es posible controlar los pensamientos, el nivel de estrés general se puede reducir de manera significativa. Para que esto sea eficaz, la detención del pensamiento tiene que practicarse de manera consciente a lo largo del día, durante varias semanas, con regularidad.

El primer paso es explorar y hacer una lista de pensamientos estresantes y molestos. ¿Cuáles son los resultados de tu trauma?

El segundo paso de la detención del pensamiento involucra la sustitución de los pensamientos. Es útil escribir tantos pensamientos nuevos como sea posible. En lugar de pensamientos negativos y obsesivos, crea algunas declaraciones positivas y firmes que sean apropiadas en esta situación.

Cuando piensas, imaginas, sueñas despierto o fantaseas, a menudo te das un conjunto de instrucciones que te aseguran que actúas de forma temerosa o que respondes como si el evento perturbador todavía estuviera presente. Muy pronto estas instrucciones se convierten en hábitos. Una de las mejores maneras de romper un hábito es mediante la creación de un hábito más poderoso que lo contrarreste. En este caso, el hábito contrario que intentas lograr es enseñarte a no experimentar los pensamientos negativos o dolorosos. Con el «cambio de pensamiento», no intentas detener ni eliminar tus pensamientos preocupantes de muerte tan directamente como lo haces con la detención del pensamiento. En su lugar, (1) seleccionas una serie de pensamientos contrarios y (2) fortaleces esos nuevos pensamientos a propósito hasta que se vuelven lo bastante fuertes como para anular o sustituir los pensamientos negativos[9]. En especial, esto es eficaz con respecto al temor. El propósito es sustituir cualquier instrucción propia en cuanto al temor con instrucciones positivas.

Primer paso: El primer paso es recordar lo que casi siempre dices antes del temor que quieres que desaparezca. Haz una lista de las instrucciones que te haces (las pequeñas y detalladas, y las grandes y abrumadoras).

Segundo paso: Para cada una de estas autoinstrucciones, configura una lista de autoinstrucciones de afrontamiento. Tu objetivo es establecer el hábito de pensamiento opuesto de modo que puedas lidiar con cualquier cosa que suceda.

Tercer paso: En una tarjeta aparte, escribe cada una de las nuevas instrucciones que elaboraste. El orden no importa. Lleva las tarjetas contigo o pégalas en un lugar apropiado: en tu cartera, encima de la mesa de noche, cerca del teléfono, en tu computadora, etc.

Cuarto paso: Toma un grupo de acciones que realizas con bastante frecuencia cada día: tomar café o soda, cambiar los canales de televisión, pasarte el peine por el cabello, lavarte las manos, hacer una llamada telefónica. Di la nueva instrucción en voz alta antes de realizar una acción.

Si fallas en tu primer intento de detener un pensamiento, podría significar que seleccionaste uno que es muy difícil de eliminar.

Escribir los pensamientos y las ideas te ayuda a sacártelos de la mente donde, de otra manera, permanecerán vivos debido a los mecanismos de renovación de la memoria de tu cerebro. Tu cuaderno, por lo tanto, tiene la función de una memoria externa. Lo puedes llevar contigo a todas partes. Considéralo una extensión de tu cerebro.

Tal vez la mejor forma de lidiar con las emociones que invaden tu vida sea la de seguir el ejemplo de un excursionista que acaba de leer las instrucciones del servicio forestal sobre qué debe hacer si se encuentra con un animal salvaje, sobre todo con un puma. Este hombre estaba trotando con su perro y, de repente, se encontró con un puma. El puma comenzó a acechar al hombre y luego empezó a correr detrás de él. Por suerte, el hombre recordó lo que leyó. Se detuvo, se volteó y miró al puma cara a cara. El puma no esperaba eso, así que se detuvo y se alejó. Tus emociones son como ese puma. Afróntalas cara a cara, escucha su mensaje y, con el tiempo, te levantarás por encima de ellas. Y una forma de lograrlo es escribir sobre esto.

Recuerda, tienes más control sobre estas emociones de lo que te das cuenta, ya sea el temor, el enojo, la tristeza, la ansiedad, la culpa o la depresión. Es posible darles la bienvenida en tu vida, hablar con ellas, aprender de ellas y, llegado el momento, disminuir su intensidad. Usando uno de los regalos de Dios, nuestra imaginación, busca en tu mente un dial de volumen como el de la radio. Esto es algo así como un dial «de sentimientos». Tiene números del uno al diez, desde el bajo hasta el alto. Observa con sumo cuidado este dial en tu mente. Mira de qué está hecho. Imagínate cómo se sentiría en tu mano. Ahora, selecciona el sentimiento desagradable y determina qué número en tu sintonizador refleja lo débil o lo fuerte que es. ¿En qué número está en este momento el dial? ¿Cómo te sientes con el dial en ese número? ¿Cómo te sentirías si estuviera en dos? ¿En ocho? ¿O en algún lugar intermedio? Si quisieras bajarlo, ¿en qué número lo pondrías? Ahora, baja el volumen cada vez más y más. Hazlo despacio, hasta que encuentres la intensidad que deseas. Ve poco a poco y respira profundo. ¿Cómo te sientes cuando llegas al número deseado?

Sí, hay mucho material en este capítulo. Tal vez sea útil volver a leerlo y asegurarte de seguir las sugerencias. Pueden marcar la diferencia.

CAPÍTULO 10

Tú, tu familia y la supervivencia

Tal vez parezca que tu evento impensable te ha dañado a ti o a tu familia más allá de toda esperanza de recuperación. Por un tiempo se siente así. Sin embargo, a pesar de lo profundo que sea el daño, puedes sobrevivir, y tu familia también.

Sobrevivir es una decisión. Al igual que tantos otros asuntos en la vida, tenemos la posibilidad de elegir cómo responderemos a las bolas en curva que nos lanza la vida.

Si piensas que las cosas nunca volverán a ser iguales, tal vez tengas razón. Es probable que sea así. Estos eventos ocasionan cambios. Nuestra respuesta ante los mismos marca la diferencia. La pregunta es: ¿quieres ser una víctima de la dirección en que te lleve este cambio, o quieres tener el control sobre esto? Todo el mundo tiene opciones después que se produce un evento negativo inesperado. Es cierto que parece que se tarda una eternidad en seguir adelante. La definición de sobreviviente es una persona (o familia) a quien noquean y se queda en la lona para el conteo... luego vuelve a levantarse y hace las cosas de manera diferente. El no sobreviviente solo regresa al ring y lo golpean de nuevo. ¡Eso duele! Y cuando se trata de un problema continuo, ya hay suficiente dolor.

Si has experimentado cualquiera de estos eventos inesperados, sabes a lo que me refiero. Algunas familias se acercaron más, y otras se volvieron más compasivas. Algunas personas se estancan, mientras que otras crecen, a pesar de tener heridas y cicatrices. Me he sentado con todas ellas.

Muchas familias, en lugar de unirse a fin de buscar soluciones para su dolor y problemas, comienzan a atacarse unos a otros. Si hay conflictos ocultos durante años, el evento inesperado suelta los amarres, y los problemas hacen erupción con una fuerza renovada. Cualquier situación sepultada en el pasado emergerá e influirá en la situación actual. Ahora tu familia no solo tiene que lidiar con el evento actual, sino también con los demás asuntos sin resolver. Cada uno drena la energía necesaria para hacerle frente al otro.

Una familia trabaja unida como un cuerpo grande. Cada persona es una parte integral de su cuerpo. Si alguien se niega a cooperar con los demás y hace las cosas a su manera, se afectan todas las otras partes o personas. Tienen que aprender a ajustarse. A veces deben asumir nuevos papeles. Y otras veces quedan divididas. Sé de algunas que se han quedado estancadas durante años. No es una escena agradable a la vista.

Es similar a equilibrar una balanza antigua. Si algo se agrega a un lado, altera el otro lado por la misma cantidad, pero en la dirección opuesta. Si alguna vez se equilibra la balanza de nuevo, se debe agregar o quitar algo en ambos lados.

Las familias son como esa balanza. Los miembros tienen que ajustarse al cambio y regresar al equilibrio. Tal vez haya que reasignar muchos aspectos de la vida familiar, tales como el poder, las responsabilidades y los papeles. Mientras más tiempo esté afectado el individuo en la familia, o mientras más significativa sea su posición, más ajustes habrá que hacer.

He visto casos en los que un niño cometió ofensas muy serias que desviaron la atención de los problemas matrimoniales de una pareja. Cuando esta persona ya no estaba en casa, los problemas matrimoniales se volvieron obvios, y alguna otra persona se convirtió en el creador de problemas para aliviar las tensiones matrimoniales. También funciona de la otra manera. Tal vez los problemas matrimoniales permanecieran escondidos debajo de la alfombra mientras todo estaba bien con los hijos. Sin embargo, cuando llegó la perturbación, sacó toda la tensión que había estado latente en la pareja.

Entre el momento en que ocurre una perturbación y el momento en que los miembros de la familia descubren sus nuevos papeles y empiezan a estabilizarse, hay un tiempo de incertidumbre y confusión. Esto casi siempre resulta incómodo. Es difícil hacer algunos de los cambios necesarios. Cada miembro de la familia necesita tiempo y espacio para lidiar con el asunto a su manera. Puede tomar un tiempo hasta que cada uno encuentre su nuevo papel. A veces, cada uno se siente como un malabarista tratando de lidiar con sus propias necesidades y, a la vez, tratando de ser útil a los demás miembros de la familia. He visto a ambos tipos de familias, las que son comprensivas y las que se culpan.

Después que golpea un evento, también tendrás que sopesar las necesidades de determinados miembros de la familia, en contraposición con las necesidades del resto. Tendrás que trabajar para lograr un equilibrio. Y no siempre es fácil.

¿Cuál es tu método para sobrevivir una crisis? ¿Cómo sobreviven las familias o los individuos? ¿Cómo sobrevivirás tú? ¿Debe tener una persona un determinado antecedente o una crianza específica para convertirse en un sobreviviente cuando se afecta una familia? No. Con el método adecuado, cualquiera puede sobrevivir esa experiencia. Sobrevivir es diferente a resolver el conflicto o crecer.

Nunca esperé que mi único hijo naciera con un retraso mental serio debido a un daño cerebral inesperado y que luego muriera de repente a los veintidós años de edad. No obstante, sucedió.

Con el paso de los años, mi esposa y yo aprendimos la verdad y el significado de muchos pasajes de la Palabra de Dios. Un pasaje en particular cobró vida a medida que profundizábamos en él cada vez más: «Hermanos míos, considérense muy dichosos cuando estén pasando por diversas pruebas. Bien saben que, cuando su fe es puesta a prueba, produce paciencia» (Santiago 1:2-3, RVC).

La Biblia de las Américas sigue diciendo: «Y que la paciencia tenga su perfecto resultado, para que seáis perfectos y completos [en su fe], sin que os falte nada» (versículo 4).

Aprender a poner en práctica esa actitud es un proceso y no siempre es fácil. El pasaje no dice «respondan en seguida de esta manera». Primero tienen que sentir el dolor y el sufrimiento, y luego serán capaces de considerarse «muy dichosos».

¿Qué significa la palabra *considérense*? Mientras estudiaba los comentarios, descubrí que se refiere a una actitud interna del corazón o de la mente que permite que las pruebas y las circunstancias de la vida nos afecten ya sea de manera adversa o provechosa. Otra forma en que se podría traducir Santiago 1:2 es esta: «Decide considerar la adversidad como algo para recibir o para alegrarse».

La palabra «decide» es esencial. Tienes el poder de decidir cuál será tu actitud. Puedes decir con respecto a una prueba: «Esto es terrible. Es devastador por completo. Es la última cosa que quería para mi vida. ¿Por qué tuvo que suceder ahora? ¿Por qué a mí?». ¡Y te pondrás a llorar y a patalear!

La otra manera de «considerar» la misma dificultad es decir: «No es lo que quería ni esperaba, pero aquí está. Vendrán tiempos difíciles, ¿pero cómo puedo sacar lo mejor de ellos?». Nunca niegues el dolor ni el sufrimiento por el que tendrás que pasar, sino pregunta siempre: «¿Qué puedo aprender de esto? ¿Cómo puedo crecer a través de esto? ¿Cómo lo puedo usar para la gloria de Dios?». Tal vez te tome meses llegar a este punto. Eso es normal.

El tiempo verbal que se usa en la palabra *considérense* indica la decisión de llevar a cabo una acción. No es una actitud de resignación: «Bueno, me rendiré. Estoy atascado en este problema. Así es la vida». Si te resignas, te quedarás sentado y no harás nada. En cambio, Santiago 1:2 indica que tendrás que *afrontar* tu inclinación natural de ver la prueba como algo negativo.

La actitud no es espontánea... se cultiva.
La actitud no es espontánea... se aprende.
La actitud no es espontánea... se desea.
La actitud no es espontánea... se practica.
La actitud no es espontánea... se elige.

La actitud no es espontánea... se ejercita al igual que la resiliencia.

Cuando sucede lo impensable, te puedes decir que es malo, destructivo, negativo, o puedes decir: «Puedo aprender a través de esto, y a pesar de lo malo que es, tendrá un significado».

Habrá algunos momentos en los que tendrás que refrescarte la memoria: «Creo que hay una mejor forma de responder a esto. Señor, de veras quiero que me ayudes a verlo desde una perspectiva diferente». Entonces, tu mente cambiará a una respuesta más constructiva. Esto a menudo requiere mucho esfuerzo de tu parte. Descubrir la verdad de los versículos en Santiago y en muchos otros pasajes como ese te ayudará a desarrollar una perspectiva bíblica sobre la vida. Y ese es el recurso por excelencia para sobrevivir.

Recuerda, Dios nos creó tanto con la capacidad como con la libertad para determinar la forma en que respondemos a los incidentes inesperados que nos presenta la vida. Desearías que un evento determinado nunca hubiera ocurrido, pero no puedes cambiar el hecho de que ocurrió. La palabra clave aquí es *actitud*. Escucha la historia de una mujer y el impacto de la actitud:

> El día lo empecé pésimo. Me quedé dormida y fui tarde al trabajo. Todo lo que pasó en la oficina aumentó mi nerviosismo. Para cuando llegué a la parada del autobús para regresar a casa, tenía un gran nudo en el estómago.
>
> Como casi siempre, el autobús llegó tarde y estaba repleto. Tuve que quedarme de pie en el pasillo. A medida que avanzaba el autobús y me tambaleaba para todos lados, aumentaba mi pesadumbre.
>
> Entonces, escuché una voz profunda retumbando desde el frente: «Hermoso día, ¿cierto?». No podía ver al hombre debido a la multitud, pero lo escuchaba mientras seguía hablando sobre la belleza de la primavera, llamando la atención sobre cada lugar que pasábamos. Esta iglesia. Ese parque. Este

cementerio. Ese cuartel de bomberos. Muy pronto todos los pasajeros estaban absortos mirando hacia afuera. El entusiasmo del hombre era tan contagioso que me di cuenta de que sonreía por primera vez ese día.

Llegamos a mi parada. Haciendo maniobras para dirigirme a la puerta, eché un vistazo a nuestro «guía»: un regordete con una barba negra, lentes oscuros y un delgado bastón blanco. ¡Increíble! Era ciego.

Me bajé del autobús y, de repente, desapareció toda la tensión que había acumulado durante el día. Dios, en su sabiduría, envió a un ciego para ayudarme a ver; para ver que aunque hay veces que las cosas salen mal, cuando todo parece oscuro y deprimente, todavía es un mundo hermoso. Tarareando una canción, subí rápido las escaleras para llegar a mi apartamento. No podía esperar más para saludar a mi esposo con: «Hermoso día, ¿cierto?».

Los que sobreviven se dan cuenta de que Dios tiene el control de la forma en que suceden las cosas. Hacemos todo lo que podemos, pero luego descansamos en Él. Como dice en el Salmo 37:

> No te irrites a causa de los impíos
>   ni envidies a los que cometen injusticias;
> porque pronto se marchitan, como la hierba;
>   pronto se secan, como el verdor del pasto.
> Confía en el Señor y haz el bien;
>   establécete en la tierra y mantente fiel.
> Deléitate en el Señor,
>   y él te concederá los deseos de tu corazón.
> Encomienda al Señor tu camino;
>   confía en él, y él actuará.
> Hará que tu justicia resplandezca como el alba;
>   tu justa causa, como el sol de mediodía.
> Guarda silencio ante el Señor,

y espera en él con paciencia;
no te irrites ante el éxito de otros,
 de los que maquinan planes malvados.
Refrena tu enojo, abandona la ira;
 no te irrites, pues esto conduce al mal (versículos 1-8).

Con el propósito de sobrevivir, aprendes a expresar tus sentimientos, todos... lo que implica que necesitas el vocabulario adecuado para expresarlos. Los sobrevivientes encuentran maneras saludables de expresar dolor, enojo, amargura, depresión y resentimiento. No reprimen los sentimientos, ni se quejan. Hablan, escriben, comparten, oran y lloran, hombres y mujeres por igual. Los sentimientos reprimidos se enconan, permanecen vivos e interfieren con la vida.

Te sentirás enojado. ¡Seguro que sí! Pero está bien. Es un sentimiento que te impulsa a la acción. El enojo es una señal de protesta. Es una emoción natural y previsible después de una crisis o pérdida. Es una reacción contra algo que no debió suceder. Es una forma de defenderte cuando te sientes impotente. Se alteró tu percepción de la manera en que son las cosas o deberían ser. Tu sistema de creencias se dañó. El enojo es una reacción normal cuando te privan de algo que valoras.

Demasiado a menudo, no hay un objeto apropiado sobre el cual volcar nuestro enojo, ¡de modo que empezamos a buscar cualquier cosa! ¿Con quién nos enojamos casi siempre? Con Dios. Lo culpamos, no debió hacer esto o no debió permitir aquello. Se supone que haga bien las cosas, ¡lo que significa que sea de acuerdo a la manera en que queremos nosotros! ¿Por qué no nos protegió o nos cambió la dirección a nosotros o a nuestros seres queridos, en especial cuando oramos todos los días? ¿A quién culpamos?

Cuando culpas a Dios, esto puede resultar perturbador o inquietante para otras personas. A veces te responden con clichés cristianos, y otras veces tratan de convencerte de que tu enojo hacia Dios es irracional. No se dan cuenta de que nada de lo que te digan te va a ayudar, porque en ese momento vives de acuerdo a las emociones. Aun cuando tal vez te hagas preguntas, lo cierto es que no buscas respuestas.

También nos enojamos con otros que no han tenido que experimentar lo que nos sucede a nosotros. Debido a que no han sufrido nuestra misma devastación, o creemos que no la han sufrido, una parte de nosotros quiere que tengan esa oportunidad.

Tal vez te enojes con los que no están presentes para ofrecerte su apoyo durante este tiempo de dificultad. Cuando sufrimos, queremos que los demás lo sepan. No deseamos que las personas finjan que todo está bien, porque no es así. Y en algunos casos, nunca lo estará, al menos en la forma que definimos lo que es *estar bien*. Por supuesto, parte de la razón por la que terminamos sintiéndonos aislados es que hay muy pocas personas que han aprendido a ministrar a otros durante una época de necesidad. Por fortuna, eso está empezando a cambiar.

Tienes que aprender a usar la energía del enojo para hacer algo constructivo.

Tal vez podrías escribirle una carta (¡pero no la envíes!) a cualquiera con quien estés enojado, y luego siéntate en una habitación y léela en voz alta. Muchas personas han encontrado liberación mientras escriben todos los días. El punto es que quienes son resilientes afrontan su enojo y demás sentimientos de manera constructiva.

Una amiga mía, Jessica Shaver, escribió el siguiente poema que describe lo que descubrieron muchas personas.

Le dije a Dios que estaba enojada

Le dije a Dios que estaba enojada,
pensé que se sorprendería.
Pensé que mantendría la hostilidad
muy hábilmente disfrazada.

Le dije al Señor que lo odiaba.
Le dije que sufría.
Le dije que no es justo.
Le dije a Dios que estaba enojada,
pero fui yo la sorprendida.

«Por fin te has dado cuenta», Él dijo,
«de lo que he sabido siempre.
Por fin has admitido
lo que de veras está en tu corazón.
La falta de sinceridad, no el enojo,
nos mantenía separados.

»Aun cuando me odias,
no dejo de amarte.
Antes de que puedas recibir ese amor
debes confesar lo que es verdad.
Al hablarme del enojo
que sientes en realidad,
este pierde poder sobre ti
permitiéndote sanar».
Le dije a Dios que lo sentía
y Él me perdonó.
La verdad de que estaba enojada
al final me liberó.

Con el paso del tiempo, nos hemos dado cuenta de que las familias que tienen dificultades para afrontar lo inesperado casi siempre se hieren entre sí al guardar silencio. El silencio puede destruir. Hace que especulemos sobre lo que piensan y sienten otros. Durante una crisis, la interacción entre los miembros de la familia es fundamental. Sin embargo, algunos se retiran a su mundo interior y no expresan sus pensamientos ni sentimientos. En ocasiones, algunos miembros de la familia quieren hablar, pero otros no. Tal vez los miembros de la familia no se comuniquen durante las épocas difíciles porque nunca aprendieron a hablar cuando todo estaba bien. Es poco probable que las personas tengan la energía, el tiempo y la capacidad para aprender habilidades de comunicación cuando la vida se desmorona a su alrededor.

¿Qué sucede cuando le preguntas a un familiar, ya sea adulto, adolescente o niño: «Qué te pasa», o «Qué estás pensando o sintiendo»? Casi siempre escuchas: «No sé», o «Nada». Ayuda a otros proveyéndoles un vocabulario. Cuando esto sucede, he visto una y otra vez el cambio en la interacción. Hay muchas formas en que esto se puede lograr, pero durante años he usado la Bola del Dolor (que proporciono a continuación). Hay muchas formas de usarla. Ten varias copias disponibles, y establece horarios para esto o utilízala cuando necesites interacción. Puedes nombrarlo Tiempo de la Bola del Dolor y establecer una cantidad de tiempo para el Ejercicio de la Bola del Dolor: de dos a cinco minutos o lo que consideres necesario. Todos tienen una copia de la Bola del Dolor y un rotulador. Cuando comienza el tiempo, colorean lo que sea que estén experimentando y, al final del tiempo, todos se detienen y muestran lo que colorearon. Las preguntas que se deben hacer durante este tiempo son: «¿Qué otra palabra hay para eso?», o «¿Qué quieres hacer con esa emoción?» o «¿Cómo puedes expresar eso?». La lista de preguntas es interminable, y algunas discusiones pueden continuar por largos períodos. Quizá te sorprendan los resultados.

DOLOR...
Una «bola» de emociones enredadas

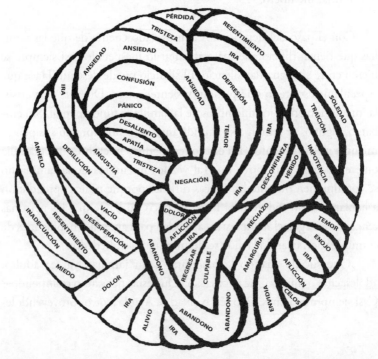

La mayoría de las personas no se dan cuenta de que una persona silenciosa tiene poder sobre otros miembros de la familia. Para los que quieren hablar, el silencio aumenta la presión de la crisis, y terminan sintiéndose rechazados y aislados. Los sobrevivientes aprenden a hacer uso de sus fortalezas y dones, y a usarlos con eficiencia, pero pueden pedir y aceptar ayuda de otros. También pueden expresar preocupación y cariño por otros. El silencio es una característica de las familias disfuncionales; destruye y adormece la esperanza. Y, a medida que progresa el silencio, aumentan el distanciamiento y la frustración. Si no sabes qué decir, comienza con una oración como «Desearía saber qué decir, pero no lo sé». Es una contribución. No permitas que el silencio de una persona aísle al resto de ustedes.

Esos que sobreviven y crecen se concentran más en las soluciones que en la culpa. La culpa es una de las características más significativas de los individuos y las familias que *no* salen adelante durante los tiempos difíciles. A nadie le gusta estar fuera de control ni que lo dejen esperando. Anhelamos un cierre, a fin de descubrir lo que ocasionó el problema desde el principio. Si tenemos una explicación para ese horrible evento inesperado, lo podemos entender y manejar mejor, y sentirnos aliviados de que la culpa fue de otra persona. Mientras más serio sea, mayor será la necesidad que sentimos de descubrir la causa. Las declaraciones que empiezan con las palabras: «Si al menos hubieras/no hubieras...» o «¿Por qué no hiciste...?/¿Por qué hiciste...?» dan lugar a los ataques entre una persona y otra. Si un miembro de la familia conoce las esferas de vulnerabilidad de otra persona, las acusaciones se pueden volver violentas.

Quizá no quieras culpar a otros, sino alejar la culpa de ti. Sabes que no tiene sentido, pero el buen sentido no suele prevalecer después de una crisis. Más bien, lo más importante es la batalla por buscar una razón para la dificultad. Cuando culpas a otros, creas una zona de guerra y el otro lado toma represalias.

Debido a que todo el mundo está vulnerable en ese momento, las acusaciones y otros comentarios penetran muy profundo en la mente y el corazón de quien los recibe. Lo recordarán durante años. Nadie quiere que lo culpen ni que lo acusen injustamente.

En el libro de Proverbios leemos: «Hay quien habla sin tino como golpes de espada, pero la lengua de los sabios sana» (12:18, LBLA), y «En las muchas palabras, la transgresión es inevitable, mas el que refrena sus labios es prudente» (10:19, LBLA). Estos versículos reflejan con claridad el dolor de las acusaciones injustas.

Es una tentación difícil de resistir. No obstante, con culpar solo se empeora el problema.

La culpa es muy común. La podemos poner sobre nosotros mismos, lo cual casi siempre conduce a la culpa del sobreviviente, como en el caso de algunos de nuestros desastres. Pensamos que podíamos o debíamos haber hecho más. La mayoría de las veces nuestra respuesta es culpar a los demás y cambiar la responsabilidad hacia otro lugar, sin importar los hechos. También está presente cuando decimos que la responsabilidad se nos va de las manos. Además, cuando culpamos a otros podemos decir: «No tenía el control como debía».

Las familias que no afrontan bien las situaciones a menudo exageran la seriedad de sus problemas. Lo llevan todo a los extremos e imaginan las peores consecuencias posibles en vez de tener esperanza o esperar para ver cuáles serán los resultados reales. Interactúan demasiado y en la dirección equivocada. Cuando hablan sobre sus crisis solo entre ellos sin una ayuda externa y objetiva, casi siempre adoptan una actitud pesimista. No se enfocan en la solución, sino en el problema. A menudo usan las «frases de las víctimas» que reflejan el deseo de rendirse:

«No puedo...».

«Eso es un problema».

«Nunca...».

«¡Eso es horrible!».

«¿Por qué la vida es así?».

«Si al menos...».

«La vida es una lucha constante».

«¿Qué voy a hacer?».

Esta clase de declaraciones llevan el problema de mal en peor. Y a veces pueden convertirse en profecías que se cumplen en la vida de quien las dice. Puede que los lentes de color rosa no sean útiles, pero los lentes de aumento pueden ser igual de perjudiciales.

La amargura tratará de penetrar, pero los sobrevivientes le cierran la puerta en la cara. Se niegan a vivir en el pasado y no permiten que una situación los detenga en su camino para robarles la esperanza del futuro. La amargura se produce como resultado de enfocarse en la injustica de lo que sea que sucediera. Es como el radar de un avión de guerra en busca de su objetivo. La amargura conduce al resentimiento, y la persona amargada se convierte en una víctima.

A veces, cuando se discuten situaciones dolorosas, tal vez escuches a alguien decir: «¡No me pidas que perdone! No lo voy a hacer. No lo merecen».

Tal vez alguien necesite hacer algo, como leer un libro, por ejemplo, acerca del problema. Puede que otro encuentre más consuelo en la oración y en los paseos tranquilos; otro quizá necesite sacarse el asunto de la cabeza, ocupando su tiempo y sus pensamientos en cualquier cosa menos en el problema. Las familias que afrontan con más éxito una crisis son las que respetan las diferencias de las personalidades de cada uno. Si una persona necesita hablar o hacer algo, o necesita privacidad y tranquilidad, está bien. Resulta útil preguntar: «¿Qué puedo hacer por ti?» o «¿Cómo te puedo ayudar mejor?».

Tal vez tu familia no esté en un lugar saludable. Está bien. No obstante, esas son buenas metas por las cuales trabajar, metas que no solo te ayudarán a afrontar una crisis, sino que también los harán más fuertes y mejores a ti y a tu familia después.

Les pedí a algunas personas que contaran las cosas que las ayudaron a sobrevivir su experiencia. Quizá sus respuestas te ayuden a ti también:

- «Me volví al Señor, a mi cónyuge, a amigos piadosos, así como a profesionales en busca de consejo. Durante algún tiempo, solo me sentía como si estuviera sobreviviendo. El dolor era tan grande y el sufrimiento tan profundo que había días en los que no podía funcionar bien... Tomó tiempo llegar al lugar donde incluso podía creer todo lo que sucedió».

- «Continué con mi vida con un nuevo entendimiento: era un siervo piadoso solo para descubrir que era un felpudo insensible y codependiente. Con esta comprensión, busqué ayuda en los campos de consejería, lectura y ayuda de los grupos cristianos, a fin de empezar de nuevo».

- «Lo primero que hicimos fue llamar a unos amigos muy cercanos a las dos de la mañana, y lloramos y oramos con ellos. Luego, contamos la experiencia, entre lágrimas, en nuestra clase de la Escuela Dominical, la que nos apoyó mucho y aún nos apoya. Sentí que necesitábamos contar con la oración de más personas, y no creí que mantenerlo todo en silencio permitiría que el cuerpo de Cristo nos apoyara en oración, de modo que teníamos que contarlo. Era necesario hablar. Eso también nos abrió puertas para que otros nos contaran que también vivían lo mismo. En algunos casos, no se lo habían contado a nadie, y en otros casos, habían hablado con libertad sobre el tema».

- «Continué con mi vida manteniéndome tan ocupado como fuera posible. Reorganicé los muebles y los dormitorios en la casa: compramos un sofá nuevo y hasta un automóvil nuevo para reemplazar lo que perdimos».

- «Nos aseguramos de tener tiempo para salir juntos y conversar. Teníamos "citas" por lo menos una vez a la semana. Gracias a la disponibilidad de mis padres, tuvimos la posibilidad de tomar vacaciones cortas algunos fines de semana, e incluso de hacer un crucero una semana. A veces usábamos el tiempo que estábamos "lejos" para escuchar el dolor de cada uno y decidir qué pasos dar a continuación, y otras veces acordábamos "divertirnos" y no mencionar nada sobre nuestra situación. De vez en cuando, necesitábamos alejarnos de todo, y recordar nuestro amor y el compromiso que teníamos el uno con el otro. Durante una de esas salidas (por el Día de los Enamorados), fuimos al mismo hotel donde pasamos nuestra luna de miel (hasta en la misma habitación). Entonces, hicimos una lista de diez cosas que apreciábamos el uno del otro. Todo eso nos sirvió para sanarnos y afirmarnos en un tiempo donde, de otra manera, habríamos sentido que no nos amaban ni nos valoraban».

- «Empecé un diario donde escribía una cosa por la que estaba agradecido cada día».

- «Leí Salmos y Proverbios en una versión diferente de la Biblia».

- «Busqué a una anciana cristiana y nos reuníamos cada semana para orar y recibir sus consejos».

Estas ideas te pueden ayudar, o puedes encontrar otras cosa más útiles. Sin embargo, hagas lo que hagas, busca algo que te dé resultado. Puedes sobrevivir. La vida puede ser buena otra vez, pero depende de ti que sea así.

CAPÍTULO 11

La perspectiva bíblica del sufrimiento

Hay épocas en las que nuestros mejores mecanismos de defensa resultan inadecuados por completo, cuando todos los trucos y estrategias que aprendimos no son suficientes y nos sentimos impotentes, sin aparentemente otro recurso que no sea arremeter contra las injusticias de la vida y desear que vengan tiempos mejores.

Si los deseos fueran realidad, todo saldría como queremos. No habría problemas, ni caídas, ni temores, ni ansiedades para interrumpir nuestra historia. Como los personajes de un cuento de hadas, alejaríamos nuestras tribulaciones frotando una lámpara mágica o pidiéndole un deseo a una estrella fugaz.

La idea de «fueron felices para siempre» tal vez sea una cosa de fantasía, pero el deseo subyacente es muy real y resiliente. Ya sea que usemos la magia de ayer o el poder de hoy con respecto al pensamiento positivo, todavía queremos una línea directa a la salud, la felicidad y el éxito en nuestra vida diaria.

El hecho es que a veces no podemos tener lo que queremos. La vida real es una carretera que cambia a cada momento, en ocasiones es previsible y en otras totalmente fuera de control. De seguro que comer y vivir bien nos puede ayudar. Sin embargo, no podemos evitar una inundación ni la muerte de un ser querido. A pesar de nuestras buenas intenciones, nos pueden despedir de nuestro trabajo. Con o sin nuestro consentimiento, el cielo soleado se puede nublar, la bolsa de valores puede colapsar y las personas más amables del mundo pueden sufrir daños.

Cuando las cosas cambian de repente, pueden sacudir nuestro mundo, algunas veces con resultados dolorosos que regresan para destruir nuestro equilibrio emocional mucho después que pasaron en sí los eventos traumáticos.

«No es justo».

«Estoy en estado de choque. ¡Nunca esperé ganar!».

«No creo que esto me esté pasando a mí»[1].

Desearía que pudiéramos evitar el sufrimiento y vivir la vida sin su presencia. Es un compañero en muchos eventos inconcebibles. No obstante, vemos el sufrimiento como la excepción en la vida. En cambio, ¿te has puesto a pensar en que el sufrimiento podría ser la norma y que las épocas libres de sufrimientos son las excepciones? Para casi todos nosotros, este pensamiento es una gran fuente de desconsuelo. Tal vez la mejor forma de considerarlo sea dirigirnos a las Escrituras en busca de claridad.

En realidad, la Palabra de Dios enseña la *certeza del sufrimiento*. Todos sufrimos. No lo queremos, pero es así. Las Escrituras son bastante tajantes:

> Queridos amigos, no se sorprendan de las pruebas de fuego por las que están atravesando, como si algo extraño les sucediera (1 Pedro 4:12, NTV).

> Jesús dijo: «En el mundo tendrán aflicción» (Juan 16:33, RVC).

Estos pasajes son bastante directos. No dicen «puede ser» o «es posible», ¡sino que lo «tendrán»!

No solo es cierto, es una certeza.

LLAMADO A SUFRIR

En la Biblia parece que hay un llamado a sufrir, que irrita a la cultura cristiana de hoy, donde muchas veces hay un llamado a la comodidad.

> Porque a ustedes se les ha concedido no solo creer en Cristo, sino también sufrir por él (Filipenses 1:29).

> Así mismo serán perseguidos todos los que quieran llevar una vida piadosa en Cristo Jesús (2 Timoteo 3:12).

> Hermanos míos, considérense muy dichosos cuando tengan que enfrentarse con diversas pruebas (Santiago 1:2).

> Si los insultan porque llevan el nombre de Cristo, serán bendecidos, porque el glorioso Espíritu de Dios reposa sobre ustedes (1 Pedro 4:14, NTV).

¿Te fijaste en las palabras que acompañan al sufrimiento? No solo se te concede como una realidad, sino como un privilegio. Va de la mano con una vida piadosa, y es una forma de expresar gozo.

Entonces, ¿cuál es el *propósito del sufrimiento*?

Muchos son capaces de afrontar casi cualquier mal y sufrimiento si creen que es por un propósito. La Biblia nos ayuda a entender que no existe tal cosa como un sufrimiento sin sentido y describe sus muchos propósitos. Considera los siguientes propósitos:

- Para que no confiemos en nosotros mismos, sino en Dios (lee 2 Corintios 1:9).

- Para que seamos más sensibles con los demás y para que podamos consolarlos con el mismo consuelo que hemos recibido nosotros (lee 2 Corintios 1:4; Lucas 22:31-33).

- Para que a través de nuestros sufrimientos, la gracia salvadora de Dios alcance a cada vez más personas (lee 2 Corintios 4:15).

- Para que Dios reciba alabanza (lee 1 Pedro 1:6-7, LBLA).
- Para que se desarrolle nuestro carácter
  (lee Romanos 5:3-5).

Pablo, el apóstol, es un modelo para nosotros de muchas maneras. Dijo:

> No digo esto porque esté necesitado, pues he aprendido a estar
> satisfecho en cualquier situación en que me encuentre. Sé lo
> que es vivir en la pobreza, y lo que es vivir en la abundancia.
> He aprendido a vivir en todas y cada una de las circunstancias,
> tanto a quedar saciado como a pasar hambre, a tener de sobra
> como a sufrir escasez (Filipenses 4:11-12).

> Hermanos, no pienso que yo mismo lo haya logrado ya.
> Más bien, una cosa hago: olvidando lo que queda atrás y
> esforzándome por alcanzar lo que está delante, sigo avanzando
> hacia la meta para ganar el premio que Dios ofrece mediante
> su llamamiento celestial en Cristo Jesús (Filipenses 3:13-14).

Seguir adelante sin importar las circunstancias no tenía nada que ver con la personalidad de Pablo, sino que era parte de su carácter, aprendido con el tiempo a través de su relación con Cristo. Esta es una gran noticia porque la creencia de que las personas son resistentes por naturaleza no es cierta.

En el segundo pasaje, Pablo nos dice que no toma en cuenta los fracasos y los errores de su pasado, olvidando lo que queda atrás y esforzándose por alcanzar lo que está delante. Está diciendo: «Sin importar lo que sea que te sucediera ayer, cualquiera que fuera la pérdida que soportaste, sigue adelante». Es una de las mejores respuestas a lo inesperado.

¿Podría ser que la decepción es gracia en realidad? ¿Cómo puede ser esto posible? Cuando me decepcionan mis circunstancias u otras personas, el dolor de ese momento me lleva a confiar en el Único que es capaz de satisfacer de verdad los anhelos y sueños en mi alma. Y con esa verdad surge la fe. Y cuando mi fe me lleva al lugar donde creo que no importa cuál sea mi situación, el amor de Dios por mí es perfecto y su sabiduría es infalible, se desvanece mi decepción. La Escritura dice lo siguiente: «Todo aquel que cree en él, no será defraudado» (Romanos 10:11, RVC).

LA GRACIA DE LA AFLICCIÓN

Ten esto presente: No siempre sabemos por qué Dios permite los problemas, pero sabemos que su intención es usarlos para incrementar nuestra madurez y profundizar nuestra fe. Las pruebas y las tribulaciones son mancuernas y cintas caminadoras para el alma. Desarrollan la fuerza y la resistencia. Su Palabra dice:

> Muchas son las aflicciones del justo, pero de todas ellas lo libra el Señor (Salmo 34:19, LBLA).

> Invócame en el día de la angustia; yo te libraré y tú me honrarás (Salmo 50:15).

> El Señor me librará de todo mal y me preservará para su reino celestial. A él sea la gloria por los siglos de los siglos (2 Timoteo 4:18).

¿Es posible hallar *consuelo en el sufrimiento*? ¿Tiene alguna clase de beneficios?

¿Podemos convertirnos en todo lo que Dios quiere que seamos sin la aflicción? La Biblia indica que la respuesta es no. De veras necesitamos la gracia de la aflicción. Es cierto, las pruebas y las tribulaciones son dolorosas en el momento, y nunca debemos buscarlas. No obstante, cuando vienen, se presentan como la gracia de Dios para ayudarnos a crecer, madurar y permanecer en el buen camino. David entendió que la aflicción es, en realidad, una bendición. ¿Cómo es buena? ¿Cómo nos ayuda a obedecer? ¿Cómo las leyes de Dios son justas?

Me hizo bien haber sido afligido,
    porque así llegué a conocer tus decretos [...]
Antes de sufrir anduve descarriado,

> pero ahora obedezco tu palabra [...]
> Señor, yo sé que tus juicios son justos,
> y que con justa razón me afliges [...]
> Si tu ley no fuera mi regocijo,
> la aflicción habría acabado conmigo.
>
> (Salmo 119:71, 67, 75, 92).

Es cierto que cuando una crisis te golpea, tu vida nunca más será exactamente igual a como era antes.

Estos eventos son como bombas que esparcen sus proyectiles letales a su alrededor, sin tener en cuenta quién está en su camino. Las inolvidables palabras de un viejo juego de niños reflejan los efectos colaterales de una crisis.

> Al corro, corrito,
> ramos en el bolsillo,
> cenizas, cenizas,
> ¡nos caemos toditos!

De modo que si se lo permitimos, Dios usa los efectos de estos eventos para refinar y pulir el sentido de su amor hacia nosotros y su soberanía en nuestras vidas. No obstante, cuando estás en medio del afrontamiento de una crisis, no es eso lo que quieres escuchar.

Esos eventos nos destruirán o nos transformarán. Los sobrevivientes son los que entienden las formas típicas de responder a esos eventos y las etapas que experimentarán a medida que avanzan a través de los mismos.

> Es posible que algunos individuos no luchen con preguntas sobre la existencia de Dios, pero el trauma casi siempre genera preguntas sobre la naturaleza o el carácter de Dios. Después de un evento traumático, los sobrevivientes harán preguntas tales como: «¿De veras Dios es bueno?». «¿A Dios le importa lo que estoy pasando?». «¿Dios me está cuidando?». «¿Por qué pasan cosas malas?». Todas estas preguntas tienen que ver con el carácter de Dios, con cómo es Dios [...]

Aunque el enojo puede estar en diferentes objetivos expresos, a menudo las personas sienten enojo hacia Dios [...]

Después de un trauma, puede que una persona descubra que tiene dificultades con prácticas religiosas comunes como la oración, la lectura de la Biblia, o la asistencia a los servicios o actividades religiosas. Incluso un creyente consagrado podría darse cuenta de que no está muy interesado en los asuntos religiosos. A menudo, esta falta de deseo de expresiones religiosas conocidas produce culpabilidad y agrava los asuntos. Es posible que algunas personas experimenten una falta de deseo por las expresiones religiosas, pero podrían frustrarse o impacientarse con las expresiones religiosas que parezcan superficiales o simplistas. Algunos creyentes se dan cuenta de que se sienten apartados de sus tradiciones religiosas o de los lugares de adoración a los que suelen ir [...]

No es raro que los sobrevivientes se alejen de las relaciones significativas, apartándose hasta de quienes, en su pasado, fueron sus fuentes más estables de consuelo [...]

Algunos sobrevivientes hacen lo contrario de retirarse de las relaciones; parecen que se ven obligados a estar con los demás. Un sobreviviente puede tener dificultades para estar a solas o lejos de otras personas con quienes se siente cercano[2].

¿Eso te parece conocido? Scott Floyd escribió un excelente libro sobre la consejería en tiempo de crisis. Esto es lo que dijo, y hay mucha verdad en ello.

1. *Ser cristiano no nos exime de todas las crisis.* En algunas situaciones, Dios puede proteger a alguien de tal manera que pueda evitar una crisis. En otras ocasiones, Dios guiará a la persona a través de un tiempo de crisis. Sin embargo, todos los individuos experimentarán crisis, ejemplificadas por el número y los tipos de crisis identificados en las Escrituras. Algunas experiencias de crisis

parecen ser necesarias, a fin de conformar a un individuo a la imagen de Cristo. Incluso los individuos más piadosos experimentan múltiples crisis a lo largo de la vida.

2. *Una crisis para nosotros no es una crisis para Dios.* Dios no entra en pánico, ni tampoco se retuerce las manos, preguntándose qué debe hacer a continuación. Dios no pierde el sueño, ni se inquieta ni camina de un lado a otro. Lo que los humanos vemos como una crisis no es una crisis desde la perspectiva ventajosa de Dios. Él tiene el control. Sabe dónde estamos y la naturaleza exacta de nuestras circunstancias. Dios se interesa por nosotros, incluso en medio de lo que interpretamos como una crisis. [Quizá sea bueno poner esto en un cartel: *Una crisis para nosotros no es una crisis para Dios*, y leerlo todos los días hasta que se te grabe en la mente].

3. *Dios nos consuela y nos promete estar presente.* Me asombra la cantidad de veces que Dios alienta a sus hijos para que «No teman», y casi siempre añade: «Porque yo estoy con ustedes». Muchos de los personajes bíblicos más piadosos recibieron la confirmación del cuidado y de la presencia de Dios cuando afrontaron crisis: Abraham (Génesis 15:1), Jacob (Génesis 26:24), Moisés (Números 21:34), Josué (Josué 8:1), Gedeón (Jueces 6:23), Salomón (1 Crónicas 28:20), Jeremías (Lamentaciones 3:27), Daniel (Daniel 10:12), Zacarías (Lucas 1:13), José (Mateo 1:20), María (Lucas 1:30), Pedro (Lucas 5:10), Pablo (Hechos 27:24) y Juan (Apocalipsis 1:17). Dios cuida de sus hijos, les da palabras de consuelo y les promete estar presente en las circunstancias difíciles. Regresa y lee cada pasaje.

4. *Una crisis no durará para siempre.* Una de mis frases favoritas de la Biblia es «Y aconteció después de esto...». Nuestro tiempo no es el tiempo de Dios. Él sabe lo que necesitamos y cuándo lo necesitamos. Incluso, con el

tiempo cambiarán las circunstancias difíciles, o Dios nos dará la fortaleza para afrontarlas y lidiar con la crisis.

5. *Hay esperanza en la crisis.* Pablo entendía que las crisis no tenían que terminar en desesperanza y desesperación. En Romanos 5:3-5, Pablo reconoce que los creyentes tendrán luchas, pero que los tiempos difíciles no tienen que dictaminar resultados negativos: «También nos gloriamos en las tribulaciones, sabiendo que la tribulación produce paciencia; y la paciencia, carácter probado; y el carácter probado, esperanza; y la esperanza no desilusiona, porque el amor de Dios ha sido derramado en nuestros corazones por medio del Espíritu Santo que nos fue dado» [LBLA]. Las circunstancias difíciles tienen la habilidad de producir paciencia, carácter y esperanza. Es más, esta esperanza es la que nos ayuda a mirar hacia el futuro, a fin de afrontar las crisis que son parte de la vida en este mundo[3].

La palabra específica *crisis* no aparece en las Escrituras, pero la Biblia contiene muchos relatos de crisis. Tales incluyen períodos de inestabilidad o momentos cruciales en la vida de los personajes bíblicos. En las Escrituras encontramos términos similares para crisis: *prueba, tribulación, sufrimiento, persecución* y *aflicción.*

Estos términos parecen ser componentes comunes de lo que todos los humanos experimentan en la vida, incluso los creyentes que se esfuerzan por seguir a Cristo. En 1 Pedro 4:12, por ejemplo, Pedro les dice a los creyentes que «no se sorprendan de las pruebas de fuego por las que están atravesando, como si algo extraño les sucediera» (NTV). Santiago los alienta con las siguientes palabras: «Hermanos míos, considérense muy dichosos cuando tengan que enfrentarse con diversas pruebas» (Santiago 1:2). Justo antes de la crucifixión, Jesús les dice a sus discípulos: «En el mundo tenéis tribulación; pero confiad, yo he vencido al mundo» (Juan 16:33 [LBLA]). En el Antiguo Testamento, Génesis 22:2,

Dios prueba a Abraham pidiéndole que sacrifique a su hijo, Isaac. Dios, en Deuteronomio 8:2, les dice a los hijos de Israel que los llevó al desierto para humillarlos y ponerlos a prueba. Esta prueba involucraba permitir que pasaran hambre (Deuteronomio 8:3, 16), sed (Deuteronomio 8:15 [RVC]), y peligros físicos (Deuteronomio 8:15). Pablo les informa a los tesalonicenses que «cuando estábamos con ustedes les advertimos que íbamos a padecer sufrimientos. Y así sucedió» (1 Tesalonicenses 3:4). Los individuos en las Escrituras no estaban ajenos a las crisis.

Otros términos que se usan también en las Escrituras son similares a crisis, incluyendo *sufrimiento, dificultad, adversidad* y *dolor*. En Romanos 5:3, Pablo dice: «Nos [regocijamos] en nuestros sufrimientos, porque sabemos que el sufrimiento produce perseverancia». Jesús también experimentó el sufrimiento, y les dijo a sus seguidores: «El Hijo del hombre tiene que sufrir muchas cosas» (Marcos 8:31). Pedro declara: «Para esto fueron llamados, porque Cristo sufrió por ustedes, dándoles ejemplo para que sigan sus pasos» [1 Pedro 2:21][4].

LOS EVENTOS INESPERADOS NO SON ÚNICOS

Los eventos inesperados no son únicos de nuestro tiempo. Incluso en los días de Jesús, las personas experimentaban devastaciones que parecen similares a las de la actualidad. Lucas relata una breve interacción entre Jesús y algunos de sus seguidores (Lucas 13:1-5). Hablaban de un asesinato político del que Pilato era responsable: mataron a un grupo de adoradores mientras se encontraban en el proceso de hacer sacrificios. En la misma conversación, Jesús mencionó a dieciocho individuos que murieron en Siloé cuando una torre les cayó encima.

Dos eventos trágicos: uno, la muerte de varios individuos involucrados en una ceremonia religiosa, y el otro por un terrible accidente con múltiples víctimas. Al parecer, las personas que escuchaban a Jesús estaban familiarizadas con el segundo evento; tal vez otras personas de los campos cercanos comentaran, como lo hacemos nosotros hoy, sobre lo que sucedió y por qué. Cuando sus seguidores lo cuestionaron, Jesús usó estos eventos para señalarles a Dios y sus propósitos más grandes.

Siempre hemos tenido que luchar en contra de desastres naturales: terremotos, volcanes, incendios, inundaciones, hambrunas, tornados y huracanes. No solo eso, sino también hemos tenido la responsabilidad por algunos de los desastres, incluyendo derrumbes de edificios, incendios, accidentes aéreos y naufragios. A lo largo de los siglos, hemos experimentado ataques terroristas, guerras y otros actos agresivos, que han producido increíbles pérdidas de vidas. Enfermedades, tales como la peste bubónica, la influenza, las plagas, la tuberculosis, la viruela, han matado a millones.

Las crisis y los eventos traumáticos han sido parte de la experiencia humana desde la creación[5]. Es más, cada época ha tenido su propio conjunto de dificultades. El año pasado se produjeron los peores ataques terroristas y los peores incendios hasta la fecha.

He aquí lo que James Dobson tiene que decir:

> Si estás sufriendo por desilusión o confusión, escribo pensando en ti. Sé que estás sufriendo. Entiendo el dolor que te envolvió cuando murió tu hijo, o cuando tu esposo te traicionó o tu amada esposa fue a estar con Jesús. No puedes explicar la devastadora tormenta de fuego, el incendio, el terrible tornado ni la lluvia irracional que arruinó tus cultivos. La compañía de seguros dijo que era un «acto de Dios». Sí. Eso es lo que más duele[6].

La reacción natural es decir: «Señor, ¿es *esta* la manera en que tratas a los tuyos? Pensaba que me cuidabas, pero estaba equivocado. No puedo amar a un Dios como ese». Es un malentendido trágico.

La Escritura está repleta de ejemplos de esta perturbadora experiencia humana. Moisés, por ejemplo, en su apelación al faraón por la liberación de los hijos de Israel, tenía buenas razones para sentir que Dios lo había marginado y lo había abandonado allí. Reaccionó como lo haríamos tú o yo bajo esas circunstancias: «¡Ay, Señor! ¿Por qué tratas tan mal a este pueblo? ¿Para esto me enviaste?» (Éxodo 5:22).

El gran peligro para las personas que experimentan este tipo de tragedia es que Satanás usará su dolor para hacer que se sientan víctimas. ¡Esa es una trampa mortal! Cuando una persona empieza a concluir que el Todopoderoso la odia o la desprecia, la desmoralización no tarda mucho en llegar.

CONFIEMOS EN LA SABIDURÍA DE DIOS

Para el alma sangrante y dolorida que está hoy desesperada por una palabra de aliento, permíteme asegurarte que puedes confiar en el Señor del cielo y de la tierra. Hay una seguridad y un descanso en la sabiduría del Dios eterno. Puedes confiar en el Señor, incluso cuando no entiendes lo que hace. De una cosa puedes estar seguro: ¡Jehová, el Rey de reyes y Señor de señores, no está corriendo de un lado a otro por los pasillos del cielo, confundido por los problemas de tu vida! Él sostiene los planetas en el espacio. Él puede soportar las cargas que te han estado agobiando, y se preocupa de manera profunda por ti.

Nuestra visión de Dios es demasiado pequeña; nosotros, los mortales, no podemos imaginar siquiera su poder y sabiduría. Él no solo es «el vecino de arriba», ni «el gran chofer en el cielo», ni cierta clase de mago que hará un baile para quienes hagan los ruidos apropiados.

Si entendiéramos de veras la majestad del Señor y la profundidad de su amor por nosotros, de seguro que aceptaríamos esos tiempos cuando desafía la lógica y las sensibilidades humanas. Por supuesto, eso es lo que debemos hacer. Puedes estar seguro de que las experiencias confusas tendrán lugar a lo largo del camino. Dales la bienvenida como amigas, como oportunidades para que crezca tu fe. Aférrate con fuerza a tu fe, sin la cual es imposible agradar a Dios. Nunca te permitas sucumbir a la idea de que Dios, de alguna manera, te traicionó. Por el contrario, guarda tus preguntas en un archivo con el nombre de «Cosas que no entiendo» y déjalas allí; y da gracias que Dios hace lo que es mejor para nosotros, ya sea que se ajuste o no a nuestros deseos[7].

El pastor y autor Warren Wiersbe escribió: «Con mucha franqueza, tengo que decir que no hay explicaciones para algunas de las cosas que suceden en la vida; ni tampoco tenemos que buscar esas explicaciones. Las personas necesitan a Dios más de lo que necesitan las explicaciones»[8].

El desafío fundamental para nosotros no es explicar el sufrimiento, sino más bien afrontarlo y convertirlo en un testigo *para* Dios y no *en contra de* Dios[9]. Cuando aceptamos que Dios es todopoderoso, nos volvemos a Él en tiempos de tribulación. ¿Qué puede hacer Dios por nosotros cuando le hacemos frente a esa realidad?

Pienso mucho en la siguiente afirmación mientras escucho las historias de traumas de tantas personas: «Para ver el rostro de Dios en un trauma es necesario que a veces visitemos lugares a los que preferiríamos no ir. Uno de los pasajes más difíciles es el reconocimiento de la pobreza de nuestras imágenes de Dios para explicar el misterio del sufrimiento, eliminarlo, o a veces, hasta ofrecer mucho a manera de consuelo»[10].

Warren Wiersbe sugiere que hay cuatro regalos que nos da Dios. *Primero*, nos da valentía en nuestra fe para afrontar la vida con sinceridad. No tenemos que salir huyendo del horror ni amargarnos cuando se presenta. En su lugar, aceptamos la tensión de que el inconveniente de la felicidad es la tristeza, y el gozo de la vida es su carga. Así es la vida. *Segundo*, Dios nos da sabiduría, tarde o temprano, para entender lo que hay que hacer. Esta dirección viene a través de la oración y de una actitud favorable al espíritu sanador de Dios. El *tercer* regalo es la fortaleza para hacer lo que sea necesario. Casi todos los que hemos vivido traumas volvemos la vista atrás y nos asombramos de las cosas que Dios nos permitió hacer en ese momento. *Por último*, Dios nos da la fe para ser pacientes. Dios puede obrar incluso en el quebranto para hacerle bien al mundo[11].

CAPÍTULO 12

Puedes vivir sin temor

Y así llegamos a la conclusión de este libro. Solo hay un tema más para abordar. Es una palabra de cinco letras... *temor*. Se trata del resultado y residuo de la presencia de un evento inesperado o trauma.

Tú y yo tenemos el potencial de desarrollar temores irracionales. Y la mayoría procede de nuestras experiencias de vida, en particular del trauma. La abundancia de temores es abrumadora. He escuchado hablar acerca de estos por los muchos que experimentaron el tiroteo en Las Vegas. El temor de lo que pueda estar en una mochila o en un maletín, o los sonidos de una multitud, o el ruido de un libro que cae, o de una voz alta, o el olor a humo o una luz brillante en una ventana. Tú y yo nacimos con la capacidad de tener miedo, y el temor es útil y normal, pero también se nos puede ir de las manos. Cuando el temor se genera a partir de lo inesperado o lo impensable, ¡casi siempre va a los extremos!

El temor puede impulsarnos, y puede paralizarnos. Nuestros cuerpos pueden temblar como resultado del temor. Algunos temores se vuelven fobias, las que son aún más irracionales porque no responden ni desaparecen de una manera lógica.

El temor es una luz roja que nos deslumbra en la carretera del riesgo y el cambio. Como dijo alguien: «El temor estaba en el asiento del volante y me llevó a dar un paseo». El temor incapacita. El temor mutila. El temor nos nubla la vista. El temor acorta la vida. El temor perjudica nuestras relaciones con los demás. El temor bloquea nuestra relación con Dios. El temor nos impide experimentar las bendiciones de Dios porque arruina nuestras elecciones y nos impide cambiar.

El temor puede usarnos para imaginar el peor resultado posible de nuestros esfuerzos.

¡El temor puede limitar el desarrollo de varias alternativas y frenar el avance en tiempos de caos!

El grito de quienes experimentan lo inesperado es: «¡No me siento seguro!». Es como si un bandido enmascarado invadiera nuestra vida personal y nos robara lo que necesitamos para sobrevivir. Lo que logró este robo impregnó todos los aspectos de nuestra vida; no solo se llevó algo, sino que dejó algo en su lugar: el temor.

Se apodera de nuestra vida y la domina. ¿Te puedes recuperar? Sí. ¿Es fácil? No necesariamente. ¿Toma tiempo? Sí.

¿Qué sabemos acerca del temor? Nos puede volver más alertas. Nos puede advertir, así que es constructivo. Sin embargo, puede hacer que reaccionemos de forma exagerada, lo que significa que nos puede engañar. He visto mucho temor después de un accidente o un tiroteo. Algunos sugieren que nuestro temor ha hecho que las amenazas terroristas sean más eficaces de lo que serían de otra manera[1].

Casi todas las personas en nuestro país están en busca de un medio libre de riesgos, y tal vez lo que necesitemos hacer es aprender a vivir con la realidad de que siempre habrá eventos inesperados. Las Escrituras no nos enseñan a no correr riesgos, sino a afrontar las dificultades. No podemos vivir sin riesgos, pero podemos aprender a vivir sin temor. Esa es la promesa de la Palabra de Dios. Y ten en cuenta que algunos temores son deseables si nos ponen más alertas.

¿Qué sabemos acerca del temor? Puede empeorar la calidad de vida. Cuando vives con temor, te resta fuerzas para disfrutar de la vida. Queremos la seguridad y también deseamos sentirnos seguros. Sin embargo, como dije antes, el temor socaba el sentimiento de seguridad.

Y cuando existe un temor excesivo, todo se distorsiona. Damos por sentado lo peor y pensamos lo peor. Es como si tuviéramos un globo con la palabra *temor* escrita en él. Cuando lo inflamos de acuerdo con cierto tamaño y no más, dura y es flexible. Sin embargo, al inflarlo sin tener en cuenta las instrucciones puede explotar y dejar de existir.

El temor excesivo no solo puede conducir a decisiones equivocadas, sino también a medidas que son contraproducentes a veces.

Esta clase de temor puede hacer que tomemos decisiones basadas más en las emociones que en los hechos. Un ejemplo de esto son algunas de las restricciones de viajes contra ciertos grupos étnicos.

A veces, nuestro temor puede distorsionar nuestro enfoque, y le prestamos demasiada atención a un temor a costa de hacer algo en cuanto a otras preocupaciones que son legítimas.

Nuestra prioridad en este capítulo es el temor cotidiano, que se deriva de los eventos que le arrebatan la sensación de seguridad a una persona.

Hay ciertas respuestas que generan ansiedad y temor. Observa si esta es la manera en que respondes y afrontas la vida. Evadimos lo que tememos. Alguien dijo: «Afronta el temor y hazlo de todas maneras». Muchos hemos aprendido patrones de evasión. Si quieres que florezcan tu temor y ansiedad, evítalos incluso si algo perturbador ha destruido tu sentido de seguridad. La evasión conduce a lo que no quieres que suceda. Es mejor exponerte. La experiencia es la solución, por muy extraño que parezca.

Ahora bien, ¿cuáles son los tipos de evasión que incrementarán el temor y la ansiedad? El primero es la conducta de escape. Esto incluye cualquier cosa que hagas en el calor del momento. Huir de lo que temes es un ejemplo clásico. Mientras más lo haces, más disminuye tu tolerancia.

Otra respuesta es la conducta de evasión. Estas son las cosas que haces para alejarte de las experiencias que generan ansiedad. Tomas una decisión, buena o mala, y te embarga la ansiedad, de modo que evitas la situación.

La tercera respuesta es la postergación, pospones algo porque estás seguro de que te provocará ansiedad. Te convences de que no será una buena idea. Racionalizas que esta es la mejor opción.

La conducta que busca seguridad tiene que ver con hacer cosas que te dan un sentido de seguridad. A veces te distraes para sentirte más cómodo. Te permite seguir presente, pero algunas de tus conductas se vuelven estresantes o desarrollas hábitos nerviosos[2].

Debido a que la evasión trae como resultado la reducción temporal del temor, funciona como un poderoso refuerzo a corto plazo. Por lo tanto, es difícil de resistir. Cuanto más evitas lo que te genera ansiedad, más elaboradas pueden ser las formas de evasión. Si la evasión es extrema, incluso te puedes volver agorafóbico, temeroso de abandonar tu casa. Una vez que comienzas a practicar la evasión, es difícil parar.

La evasión es difícil de evitar por las siguientes razones:

- Es eficaz para reducir el temor por un corto período.

- Mientras más practicas la evasión, más difícil te resulta resistirte a practicarla en el futuro, porque se convierte en un hábito.

- Hay una lógica superficial en la evasión, como: «¿Por qué no evadiría algo que me hace sentir ansioso?».

- Obtienes una ganancia secundaria de esto, como el cuidado extra, pues las personas que te rodean son comprensivas.

Al involucrarte en la evasión, activas el «circuito de preocupación» en el cerebro. El circuito de la preocupación dispara la sección de alarma, lo que aumenta tu sensación de temor, y la hiperactividad de la alarma trata de averiguar por qué te sientes ansioso. La versión extrema del circuito de la preocupación se presenta cuando las personas sufren de TOC, una condición en la que la preocupación se vuelve obsesiva[3].

La preocupación es el temor que inventamos, no es auténtico. Si decides preocuparte por algo, adelante, pero hazlo a sabiendas que es una elección. La mayoría de las veces, nos preocupamos porque así obtenemos una recompensa secundaria. Hay muchas variaciones, pero estas son algunas de las más populares.

- La preocupación es una forma de evadir el cambio; cuando nos preocupamos, no hacemos nada en cuanto al asunto.

- La preocupación es una forma para no tener que admitir que somos impotentes sobre algo, ya que la preocupación se siente como si hiciéramos algo al respecto.

Cuando sientas temor, escucha.

Cuando no sientas temor, no lo inventes.

Si te das cuenta de que estás creando una preocupación, explora y descubre por qué[4].

El temor interiorizado aumenta su poder sobre nosotros, y desaparece nuestro sentido de seguridad. Cuando nos ponemos de acuerdo con el temor, es como si dijéramos que es verdadero. El temor hace que creemos películas en nuestra cabeza imaginando los peores resultados que algo puede tener y que no son ciertos. El temor está diseñado para robarnos la valentía y para inmovilizarnos, y hasta para hacernos retroceder. Eso fue lo que trató de hacer el enemigo de los Estados Unidos; eso es lo que trata de hacer el enemigo de nuestras almas. Esa es una razón por la que no debemos ceder ante el temor [...]

Una de las armas más poderosas en nuestro arsenal contra el temor es el recuerdo, el recuerdo de la fidelidad de Dios. Dios sabe que somos propensos a olvidar[5].

Nos crearon a la imagen de Dios para representarlo ante la gente. Como una manta, el temor cubre la imagen de Dios en nosotros. Si nos escondemos al amparo del temor, nos escondemos de las mismas cosas para las que nos crearon para hacer y ser[6].

Podemos vivir libres de temor... recordemos eso.

Apéndice: Recursos de ayuda

A.L.I.C.E. #1 CAPACITACIÓN DISPONIBLE PARA TODAS LAS ORGANIZACIONES A FIN DE RESPONDER A LOS FRANCOTIRADORES ACTIVOS

ALICE (por sus siglas en inglés de *Alert, Lockdown, Inform, Counter* y *Evacuate*): Las clases dirigidas por un instructor brindan preparación y un plan para individuos y organizaciones sobre cómo manejar de manera más proactiva la amenaza de un intruso agresivo o un evento de francotirador activo. Ya sea que se trate de un solo individuo o de un grupo internacional de profesionales que intente transmitir un mensaje político a través de la violencia, las tácticas de ALICE, que tienen diferentes opciones, se han convertido en una respuesta aceptable contra el enfoque tradicional de solo «*lockdown*» [encierro]. Brinda entrenamiento a las fuerzas de la policía y de la ley, a las escuelas desde preescolar hasta el grado doce, a los centros de salud, educación superior, negocios, gobiernos y casas de adoración.

www.alicetraining.com

ASOCIACIÓN ESTADOUNIDENSE DE PSICOLOGÍA

Artículo: «Cómo manejar tu angustia después de una tragedia provocada por armas de fuego»; https://www.apa.org/centrodeapoyo/tiroteo

CRUZ ROJA AMERICANA

Artículo: «Terrorismo: Cómo prepararse para lo inesperado»; https://www.redcross.org/content/dam/redcross/atg/PDF_s/Preparedness_Disaster_Recovery/Disaster_Preparedness/Terrorism/TerrorismSp.pdf

1-800 HELP NOW; www.redcross.org

CDC PREVENCIÓN DE LESIONES

Artículo: «Cómo sobrellevar los desastres o eventos traumáticos»; https://emergency.cdc.gov/es/coping/index.asp

AGENCIA FEDERAL DE ADMINISTRACIÓN DE EMERGENCIAS (FEMA)

1 (800) 462-9092; www.fema.gov

OFICINA PARA VÍCTIMAS DEL DELITO

https://www.ovc.gov/library/espanol.html

SEGURIDAD NACIONAL

Artículo: «Preventing Terrorism»; https://www.dhs.gov/preventing-terrorism

NASP [ASOCIACIÓN NACIONAL DE PSICÓLOGOS ESCOLARES]

Artículo: «Helping Children Cope with Terrorism—Tips for Families and Educators»; www.nasponline.org/resources-and-publications/resources/school-safety-and-crisis/war-and-terrorism/helping-children-cope-with-terrorism

ORAGNIZACIÓN NACIONAL DE AYUDA A VÍCTIMAS
1730 Park Rd, NW
Washington, DC 20010
1 (800) TRY-NOVA

OPTUM
Artículo: «Responding to Traumatic Events in the Workplace». www.optum.com/content/dam/optum/resources/whitePapers/5218_CIRS_White_Paper08062014.pdf

Notas

CAPÍTULO 1: LOS TEMBLORES EN NUESTRA VIDA

1. Alice E. Robertson, *Blindsided: Lessons from Job on Surviving Your Trauma*, Booksurge Publishing, North Charleston, SC, 2005, introducción.
2. Amanda Ripley, *The Unthinkable: Who Survives When Disaster Strikes—and Why*, Three Rivers Press, Nueva York, 2009, adaptado, p. 38.
3. Fiona Marshall, *Losing a Parent*, Fisher Books, Cambridge Center, MA, 1993, p. 45.
4. Ripley, adaptado, pp. xvi-xvii.
5. M.J. Ryan, *How to Survive Change You Don't Ask For*, Conari Press, Newburyport, MA, 2014, adaptado, pp. 3-4.
6. Ryan, p. 10.
7. Steven Fink, *Crisis Management: Planning for the Inevitable*, Amacom, Vancouver, BC, 1986, p. 37.
8. Fink, adaptado, p. 37.
9. Sharon Begley, *Entrena tu mente, cambia tu cerebro*, Grupo Editorial Norma, Bogotá, Colombia, 2008.

CAPÍTULO 2: LO INESPERADO ES INEVITABLE

1. H. Norman Wright, *When the Past Won't Let You Go*, Harvest House, Eugene, OR, 2016, pp. 9-11.
2. Amanda Ripley, *The Unthinkable: Who Survives When Disaster Strikes—and Why*, Three Rivers Press, Nueva York, 2009, adaptado, pp. 230-232.
3. Max Lucado, *En el ojo de la tormenta*, Editorial Betania, Miami, FL, 2003, p. 101.
4. Robert Hicks, *Failure to Scream*, Thomas Nelson, Nashville, TN, 1993, p. 172.
5. Lewis Smedes, *How Can It Be All Right When Everything Is All Wrong?*, Harper & Row, San Francisco, 1982, pp. 55-56.
6. Barry Johnson, *Choosing Hope*, Abingdon, Nashville, TN, 1998, p. 178.

CAPÍTULO 4: LA RECUPERACIÓN

1. Dave Dravecky con Tim Stafford, *Comeback*, Zondervan, Grand Rapids, MI, 1990, adaptado, p. 16.
2. Langston Hughes, según se cita en Ann Kaiser Steams, *Living Through Personal Crisis*, Thomas Moore, Chicago, 1984, p. 25.
3. Marilyn Willett Heavelin, *When Your Dreams Die*, Here's Life, San Bernardino, CA, 1990, pp. 30-31.
4. Ann Stearns, *Coming Back*, Random House, Nueva York, 1998, adaptado, pp. 218-219.
5. Charles Figley, *Trauma and Its Wake*, Brunner/Mazel, 1985, Levittown, PA, p. xviii.
6. Robert Hicks, *Failure to Scream*, Thomas Nelson, Nashville, TN, 1993, pp. 13, 15.

CAPÍTULO 5: LAS ETAPAS SON NORMALES

1. Ann Stearns, *Coming Back*, Random House, Nueva York, 1998, adaptado, pp. 85-86.
2. Amanda Ripley, *The Unthinkable: Who Survives When Disaster Strikes—and Why*, Three Rivers Press, Nueva York, 2009, adaptado, p. 38.
3. Ripley, adaptado, pp. xvi-xvii.
4. Ripley, pp. 38-39, 58.
5. Ripley, p. 91.
6. Ripley, pp. 220-221.
7. Robert Hicks, *Failure to Scream*, Thomas Nelson, Nashville, TN, 1993, adaptado, p. 46.
8. Aaron Lazare y otros, «The Walk-In Patient as a "Customer": A Key Dimension in Evaluation and Treatment», *American Journal of Orthopsychiatry* 42, 1979, pp. 872-883.
9. Max Lucado, *En el ojo de la tormenta*, Editorial Betania, Miami, FL, 2003, adaptado, pp. 193-194 (del original en inglés).
10. William Pruitt, *Run from the Pale Pony*, Baker, Grand Rapids, MI, 1976, pp. 9-10.

CAPÍTULO 6: TRATA BIEN A TU CEREBRO

1. Dr. Amit Sood, *The Mayo Clinic Guide to Stress-Free Living*, Da Capo, Burlington, VT, 2013, p. 2.
2. Dra. Heather Davediuk Gingrich, *Restoring the Shattered Self: A Christian Counselor's Guide to Complex Trauma*, IVP Academic, Downers Grave, IL, 2013, adaptado, pp. 38-39.
3. Bessel van der Kolk, *The Body Keeps Score: Brain, Mind and Body in the Healing of Trauma*, Penguin Books, Nueva York, adaptado, p. 44.
4. Judith Herman, *Trauma and Recovery*, Basic Books, Nueva York, 1982, adaptado, pp. 42-43.

5. Van der Kolk, p. 52.

6. M.J. Ryan, *How to Survive Change You Didn't Ask for*, Conari Press, Newburyport, MA, 2014, adaptado, p. 22.

7. Ryan, *How to Survive Change You Didn't Ask for*, adaptado, pp. 20, 22-23.

8. John B. Arden, *Rewire Your Brain: Think Your Way to a Better Life*, Wiley Publishing, Hoboken, NJ, 2010, adaptado, pp. 43-44.

9. Dr. Dave Ziegler, *Beyond Healing*, Acacia Publications, Phoenix, AZ, 2009, adaptado, pp. 98-192.

10. David J. Morris, *The Evil Hours*, Eamon Dolan/Mariner Books, Chicago, 2016, adaptado, p. 47.

11. Van der Kolk, adaptado, pp. 44-45.

12. Herman, adaptado, p. 47.

13. Van der Kolk, adaptado, p. 60.

14. Babette Rothschild, *The Body Remembers*, W.W. Norton, Nueva York, 2000, adaptado, p. 12.

15. Ryan, adaptado, pp. 4-5, 10.

16. Ryan, adaptado, pp. 28-29.

17. Ryan, adaptado, p. 57.

18. Ryan, p. 70.

19. Jennifer Cisney y Kevin Ehlers, *The First 48 Hours*, Abingdon Press, Nashville, TN, 2009, adaptado, p. 29.

20. Laurence Gonzales, *Surviving Survival*, W.W. Norton & Company, Nueva York, 2013, adaptado, p. 29.

21. Sharon Begley, *Entrena tu mente, cambia tu cerebro*, Grupo Editorial Norma, Bogotá, Colombia, 2008, p. 8 (del original en inglés).

22. John Selby, *Quiet Your Mind*, New World Library, Novato, CA, 2004, pp. 40-41.

23. Dra. Melanie Greenberg, *The Stress-Proof Brain*, New Harbinger, Oakland, CA, 2017, p. 65.

24. Greenberg, adaptado, pp. 60-61 y 3.

25. Greenberg, adaptado, pp. 3-4.

26. Greenberg, adaptado, p. 17.

27. Dra. Aphrodite Matsakis, *Trust After Trauma*, New Harbinger, Oakland, CA, 1988, adaptado, pp. 9-10.

28. Matsakis, p. 105.

29. Aaron Fruh, *Bounce*, Baker Publishing Group, Ada, MI, 2017, adaptado, pp. 20-21.

CAPÍTULO 7: EL TERRORISMO

1. Amanda Ripley, *The Unthinkable: Who Survives When Disaster Strikes—and Why*, Three Rivers Press, Nueva York, 2009, adaptado, p. 32.

2. Jeffrey D. Simon, *Lone Wolf Terrorism: Understanding the Growing Threat*, Prometheus Books, Amherst, NY, 2016, adaptado, p. 181.

3. Jeffrey D. Simon, *The Terrorist Trap: America's Experience with Terrorism*, Indiana University Press, Bloomington, IN, 2001, p. 5.
4. Simon, *The Terrorist Trap*, pp. 344-345.
5. Simon, *The Terrorist Trap*, adaptado pp. 9-10.
6. Martha Crenshaw y Gary LaFree, *Countering Terrorism*, Bookings Institution Press, 2017, pp. 44-45.
7. Crenshaw y LaFree, adaptado, pp. 35-36.
8. Recopilación basada en la Base de Datos Global sobre Terrorismo; http:/www. start.umd.edu/gtd/.
9. Tore Bjorgo, *Root Causes of Terrorism: Myths, Reality and Ways Forward*, Routledge, Nueva York, 2005, adaptado, introducción.
10. Gus Martin, *Understanding Terrorism*, Sage, Los Ángeles, 2013, pp. 165-167. Consulta también *Historia del cristianismo*, por Kenneth Latourette.
11. Josué 11, RVC.
12. Peter Ladicola y Aaron Stupe, *Violence, Inequality and Human Freedom*, General Hall, Nueva York, adaptado, p. 175.
13. Martin, p. 165.
14. Consúltalo en https://www.operation250.org/what-to-talk-about/, adaptado.
15. Martin, adaptado, pp. 35-37.
16. Dra. Jessica Hamblen y Dra. Laurie B. Sloane, https://www.westga.edu/~vickir/ PublicSafety/PS05%20Training%20and%20Education/PS05situational_ factors.pdf, adaptado.
17. Dra. Amy Zalman, https://www.thoughtco.com/the-causes-of-terrorism-3209053, 25 de septiembre de 2017, adaptado.
18. Simon, *The Terrorist Trap*, pp. 344-345.
19. Simon, *The Terrorist Trap*, adaptado, pp. 352-360.
20. Simon, *Lone Wolf Terrorism*, p. 242.
21. Simon, *Lone Wolf Terrorism*, adaptado, p. 19.
22. Simon, *Lone Wolf Terrorism*, adaptado, p. 169.
23. Simon, *Lone Wolf Terrorism*, p. 253.
24. Simon, *Lone Wolf Terrorism*, p. 29, 32.
25. Simon, *Lone Wolf Terrorism*, adaptado, pp. 43-45.
26. Simon, *Lone Wolf Terrorism*, p. 11.
27. Simon, *Lone Wolf Terrorism*, p. 232.
28. Simon, *The Terrorist Trap*, pp. vi-vii.

CAPÍTULO 8: CUÉNTAME TU HISTORIA

1. Robert Niemeyer, *Lessons of Loss: A Guide to Coping*, Psychoeducational Resources, Chicago, 2000, adaptado, p. 54.
2. Brooks Brown, «Columbine Survivor with Words for Virginia Students», *All Things Considere*, en la red de radio pública nacional, que salió al aire el 18 de abril de 2007.

3. Jackson Rainer y Frieda Brown, *Crisis Counseling and Therapy*, Haworth Press, Nueva York, adaptado, p. 103.

4. Rainer y Brown, adaptado, p. 105.

5. Rainer y Brown, adaptado, pp. 103, 105.

6. Daniel G. Amen, *Cambia tu cerebro, cambia tu vida*, Editorial Sirio, Málaga, España, 2015, pp. 272-273, 278-282 (del original en inglés).

7. Judith Herman, *Trauma and Recovery*, Basic Books, Nueva York, 1992, adaptado, p. 177.

8. Herman, adaptado, p. 178.

9. Michael J. Scott, *Moving On After Trauma*, Routledge, Nueva York, 2007, adaptado, p. 64.

10. Scott, adaptado, p. 65.

11. Scott, p. 72.

12. Curt Thompson, *Anatomy of the Soul*, Tyndale House, Wheaton, IL, 2010, p. 76.

CAPÍTULO 9: PASOS A SEGUIR PARA RECOBRAR EL CONTROL, INCLUIDAS LAS EMOCIONES

1. Al Siebert, *The Resiliency Advantage*, Barrett-Koeher Publishers, Oakland, CA, 2005, adaptado, p. 115.

2. Siebert, adaptado, p. 107.

3. William Bridges, *The Way of Transition: Embracing Life's Most Difficult Moments*, DaCapo Books, Boston, MA, 2001, adaptado, p. 3.

4. Andrew E. Slaby, *Aftershock*, Villard Books, Nueva York, 1989, pp. 39-40.

5. Judith Simon Prager y Judith Acosta, *The Worst Is Over*, Jodere Group, San Diego, CA, 2002, adaptado, pp. 278-279.

6. Theresa Rhodes McGee, *Transforming Trauma*, Orbis Books, Maryknoll, NY, 2005, pp. 104-105.

7. Jasmin Lee Cori, *Healing from Trauma: A Survivor's Guide to Understanding Your Symptoms and Reclaiming Your Life*, DaCapo Press, Cambridge, MA, adaptado, pp. 17-18.

8. Elden M. Chalmers, *Healing the Broken Brain*, Remnant Publications, Coldwater, MI, 1995, adaptado, pp. 148-149.

9. Dr. Lloyd Homme, «Thought Switching», como se hace referencia en H. Norman Wright, *Self-Talk, Imagery and Prayer in Counseling*, Word Books, Waco, TX, 1986, p. 188.

CAPÍTULO 11: LA PERSPECTIVA BÍBLICA DEL SUFRIMIENTO

1. Andrew E. Slaby, *Aftershock*, Villard Books, Nueva York, 1989, p. xii.

2. Scott Floyd, *Crisis Counseling*, Kregel, Grand Rapids, MI, 2008, pp. 56-58.

3. Floyd, pp. 39-40.

4. Floyd, adaptado, pp. 27-28.

5. Floyd, adaptado, pp. 15-16.
6. James Dobson, *Finding God in Perilous Times*, Tyndale House, Wheaton, IL, 2001, pp. 19-20.
7. Dobson, pp. 21-22.
8. Warren Wiersbe, *When Bad Things Happens to God's People*, Revell, Old Tappan, NJ, 1984, p. 26.
9. Wiersbe, p. 115.
10. Theresa Rhodes McGee, *Transforming Trauma*, Orbis Books, Maryknoll, NY, 2005, p. 150.
11. Jill M. Hudson, *Congregational Trauma: Caring Coping & Learning*, Rowman & Littlefield Publishing Co., 1998, pp. 6-7.

CAPÍTULO 12: PUEDES VIVIR SIN TEMOR

1. Peter N. Stearns, *American Fear*, Routledge, Nueva York, 2006, adaptado, p. 201.
2. John B. Arden, *Rewire Your Brain: Think Your Way to a Better Life*, Wiley Publishing, Hoboken, NJ, 2010, adaptado, pp. 39-41.
3. Arden, adaptado, pp. 40-41.
4. Gavin de Becker, *The Gift of Fear*, Dell, Nueva York, pp. 302-303.
5. John Morgan, *War on Fear*, Creation House, Lake Mary, FL, 2016, p. 36.
6. Morgan, p. 62.